汉语国际教育文化课系列教材

U0953667

说相声学汉语

Learning Chinese Through *Xiangsheng*

丁广泉　邱彤村
[加拿大] 安仁良
[伊　朗] 华家德　编著

北京语言大学出版社
BEIJING LANGUAGE AND CULTURE UNIVERSITY PRESS

图书在版编目（CIP）数据

说相声　学汉语 / 丁广泉等编著 . -- 北京 : 北京语言大学出版社，2017.6
ISBN 978-7-5619-4962-7

Ⅰ. ①说… Ⅱ. ①丁… Ⅲ. ①汉语－对外汉语教学－教材 Ⅳ. ① H195.4

中国版本图书馆 CIP 数据核字 (2017) 第 145823 号

说相声　学汉语
SHUO XIANGSHENG　XUE HANYU

排版制作：北京创艺涵文化发展有限公司
责任印制：包　朔

出版发行：北京语言大学出版社
社　　址：北京市海淀区学院路 15 号，100083
网　　址：www.blcup.com
电子信箱：service@blcup.com
电　　话：编辑部　8610-82303647/3592/3395
国内发行　8610-82303650/3591/3648
海外发行　8610-82303365/3080/3668
北语书店　8610-82303653
网购咨询　8610-82303908
印　　刷：北京中科印刷有限公司

版　　次：2017 年 6 月第 1 版　　印　　次：2017 年 6 月第 1 次印刷
开　　本：787 毫米 × 1092 毫米　1/16　　印　　张：8.75
字　　数：120 千字
定　　价：68.00 元

PRINTED IN CHINA

目　录

1 绕口令

背景介绍 Background

绕口令是中国民间文学中比较独特的口头艺术形式，主要是把声、韵、调极易混淆的字，交叉、重叠或颠倒，组成一些短小、有趣的句子或语段，要求一口气儿快速念出。因为说得快，读音容易产生错误，就会产生幽默的效果。在流传过程中，人们又对其不断进行修改、加工、充实和完善，使它更近似于一首首诙谐的歌谣，妙趣横生。

《绕口令》这段相声是2002年“外国人中华才艺大赛”中的获奖节目，是由丁广泉与已故曲艺作家许多先生合作编创的，非常适合具有一定汉语水平的学员练习。学员不但可以娱乐自己，也可以娱乐他人，提高学汉语的趣味性。

Tongue twisters are a unique oral art form of the Chinese folk literature. Chinese tongue twisters typically involve words featuring combinations of sounds, rhymes and tones that are very difficult to distinguish, as well as patterns such as overlapping, duplication or reversal, to create sets of short and amusing sentences or passages. These tongue twisters must be recited quickly and in a single breath. Thus, it is very easy to make pronunciation mistakes, often with humorous results. Throughout the dissemination of Chinese tongue twisters, they have been constantly edited, revised, enriched and improved, so that each has evolved into a short song or ditty, all very entertaining.

The *xiangsheng* piece *Tongue Twisters*, written in collaboration by Ding Guangquan and the late ballad writer Mr. Xu Duo, received an award in the 2002 Chinese Talent Competition for Foreigners. The piece is highly suited for practice by students with a strong foundation in the

Chinese language. It is entertaining not only for the learners but also for the listeners, deepening the interest in learning the Chinese language.

相声文本 Script

绕口令

（对口相声）

甲：我叫 XXXX，来自 XX，在中国已经待了 X 年了。

乙：我叫 XXXX，来自 XX，来中国已经 X 年了。

甲：我特别喜欢中国的相声。

乙：我也是，而且我发现学习相声对说好汉语特别有帮助。

甲：没错。我就因为学了相声所以才把中国话说得特别溜。

乙：你这么说是不是有点儿太不谦虚了？

甲：我这可是实事求是，一点儿也不是吹牛。

乙：即便你真是中国话说得特别好也不能自己说呀。

甲：那谁说呀？

乙：得让别人说，知道吗？

甲：噢，知道了。

乙：你看我，大家都听得出来，中国话比你说得好多了吧，我自己从来不说。

甲：啊，你还没说哪？我看呀，你比我还能吹牛。

乙：要不咱们这样吧。你也别说你行，我也别说我行，咱俩在这儿比比怎么样？

甲：比什么呀？

乙：我说一段绕口令，你要能跟我学上来，我就认你当老师，和观众一起为你鼓掌。

甲：没问题，不就绕口令吗？我刚到中国就练了，一口气儿能说出一大堆来。

乙：又吹上了。我这段可难。

甲：越难越好。

乙：我先得给你讲讲这个故事。为了让我学好汉语，我爸爸给我讲了制衣厂里三个裁缝的故事，就说他们三个人的名字都特别绕嘴。

甲：怎么绕嘴了？你说他们叫什么吧。

乙：一个叫方发奋。

甲：方发奋，方发奋，方发奋，很简单。第二个呢？

乙：叫傅飞凤。

甲：傅飞凤，傅飞凤，傅飞凤，这也没什么呀。第三个呢？

乙：叫费福芬。

甲：噢，费福芬，费福芬，费福芬，这有什么不好说的？

乙：你听着啊，他们的工作比较特别。

甲：噢，做什么工作？

乙：在制衣厂里缝衣服。

甲：缝衣服有什么不好说的？

乙：他们用的材料特别呀。

甲：怎么特别？

乙：三个人做衣服的时候分别用各种颜色的混纺料子。

甲：都有什么颜色？

乙：有红混纺，黄混纺，粉混纺，粉红混纺，花混纺。

甲：这些词是挺难说的。

乙：你把他们的分工再说出来就更难了。

甲：他们是怎么分工的，你说说。

乙：你听着啊，制衣厂里有三个裁缝，一个叫方发奋，一个叫傅飞凤，一个叫费福芬。方发奋缝红混纺，傅飞凤缝黄混纺，费福芬缝粉混纺（说得非常慢，显得非常费劲儿）。方发奋，傅飞凤，费福芬，缝完了红混纺、黄混纺、粉混纺又一同去缝粉红混纺和花混纺。

甲：哎呀妈呀，差点儿没憋死。

乙：不是告诉你了嘛，特绕嘴嘛。

甲：那也不致于这么费劲儿呀。

乙：欸，你能一口气儿说上来吗？

甲：当然能，这有什么呀？

乙：那你说说。

甲：好，你听着，说方发奋缝……说方发奋缝花衣服。

乙：什么花衣服呀，是缝红混纺。

甲：对，说方发奋缝……说方发奋瞎胡混……

乙：谁瞎胡混哪？你这才叫瞎胡混呢！

甲：啊不，说方发奋缝红混纺，傅飞凤缝黄混纺，费福芬缝……缝……哎呀，这不科学呀！

乙：怎么？

甲：应该用缝纫机缝，怎么还用手缝呢？

乙：因为这道工序就是需要用手缝。

甲：非缝不可？

乙：当然。

甲：好，缝就缝吧。说方发奋缝红混纺，傅飞凤缝黄混纺，费福芬缝……缝……缝……又不对啦。现在大家都穿纯棉的啦，缝那么多化纤混纺的没人买呀，大家说是不是呀？

乙：那你别管，没有这件事儿。

甲：没有这事儿说它干吗呀？

乙：不就是为了练口齿、说汉语嘛。现在是让你一口气儿给绕上来，你行吗？

甲：这有什么呀？你听着，说方发奋缝红混纺，傅飞凤缝……纯毛的行不行？

乙：不行！怎么样？吹了半天，你也说不上来了吧。

甲：谁说我说不上来？

乙：那你给说下来呀。

甲：听着！（很努力很认真地说）说制衣厂里有三个裁缝，一个叫方发奋，一个叫傅飞凤，一个叫费福芬。方发奋缝红混纺，傅飞凤缝黄混纺，费福芬缝粉混纺。方发奋，傅飞凤，费福芬，缝完了（突然改成讲话腔调）缝完了之后，一看卖不出去，就去缝别的料子了，像什么棉布呀、尼龙纱呀、太空棉呀……

乙：等等，等等，什么乱七八糟的，谁请你讲话了？

甲：讲汉语呀，得有起伏，有变化才好听。

乙：好听也不行。你说的得跟我说的一样。

甲：你以为我真说不出来呀！

乙：能说出来你说呀！

甲：好！听着（流水似的贯口），制衣厂里有三个裁缝，一个叫方发奋，一个叫傅飞凤，一个叫费福芬，说方发奋缝红混纺，傅飞凤缝黄混纺，费福芬缝粉混纺。方发奋，傅飞凤，费福芬，缝完了红混纺、黄混纺、粉混纺又一同去缝粉红混纺和花混纺。你要拜我为老师，大家为我来鼓掌！

乙：好！太好了！（鼓掌）

生词 Vocabulary

1.	吹牛	chuī niú		to brag, to boast, to exaggerate the truth
2.	制衣厂	zhìyīchǎng	n.	clothing factory
3.	缝	féng	v.	to sew
4.	混纺料子	hùnfǎng liàozi		blended material
5.	花衣服	huā yīfu		bright-colored clothes
6.	缝纫机	féngrènjī	n.	sewing machine
7.	化纤	huàxiān	n.	chemical fiber
8.	尼龙纱	nílóngshā	n.	nylon yarn
9.	太空棉	tàikōngmián	n.	space cotton
10.	乱七八糟	luànqībāzāo		to be in a mess, to be at sixes and sevens

注释 Notes

1. 溜

北方方言，多用于口语。这里指流畅、熟练。特别溜，指非常流畅、熟练。

2. 差点儿没憋死

指憋气憋得很厉害但不致命，是夸张的说法。

3. 瞎胡混

糊里糊涂地生活。

文化讲堂 Cultural Classroom

1. 相声与绕口令 *Xiangsheng* and tongue twisters

很多人一说到相声必然想到绕口令，因为相声是以说为主的艺术形式。这节课所说的绕口令就是一个很典型的以“说”“逗”为艺术形式的相声小段。表演者不只是为练习语音而单纯地去说绕口令，而是用相声的“说”“逗”的方式演绎出学习的必然过程，从而增强了汉语的趣味性。

Many people, upon mention of *xiangsheng*, will immediately think of tongue twisters, as *xiangsheng* is mainly an oral form of art. The short piece outlined in this lesson is a typical representation of the usage of “speaking” and “joking” in *xiangsheng*. The performers don’t just say the tongue twister for the sake of practicing their pronunciation, but present the natural process of learning by such forms of *xiangsheng* as “speaking” and “joking”, so that the students’ interest in studying Chinese is increased.

2. 中国人的姓和名 Chinese surnames and given names

中国人的名字，姓在前，名在后。除姓氏以外一般习惯用一个字或两个字。在古代，中国人取名是有制度的，大多是由父辈按照同一个家族的不同辈分取名，往往在名字中用同一个字或同一偏旁的汉字来表示辈分。名字一般是一生中不可改变的。文中的方发奋、傅飞凤、费福芬，只为绕口令而设计，并没有更多含义。

For the names of Chinese people, the surname comes first, followed by the given name, and most will choose given names for their children with either one or two characters. In ancient China there was a strict system for name selection, based on the different generations of a family, and in most cases family members of the same generation would share a common character or radical in their names. Generally the name will not change throughout the person's life. The names in this *xiangsheng* piece, such as Fang Fafen, Fu Feifeng and Fei Fufen, are designed for the purpose of tongue twisters, without any special meaning.

说一说 Let's Try It

要求：尽量加快语速，达到快、准、清。

四是四

（小绕口令）

四是四，十是十。十四是十四，四十是四十。

不要把十四说成四十，也不要把四十说成十四。

班长

（小绕口令）

班长管班干部。

鼓玻璃

（小绕口令）

鼓玻璃棍儿、瘪玻璃棍儿，

鼓玻璃棍儿比瘪玻璃棍儿鼓，

瘪玻璃棍儿比鼓玻璃棍儿瘪。

2 多音字

背景介绍 Background

汉字中有大量的多音字。所谓多音字，是指一个汉字有两个或两个以上的读音，不同的读音表示的意义不同，用法和词性也常常不同。比如：

将 ① jiāng 副词，表示时间临近，如“将要”。

② jiàng 名词，表示军队里的官职，如“将官”“将领”。

薄 ① báo 形容词，表示不厚，如“薄饼”。也指感情冷淡或味道不浓等，如“待他不薄”“酒味很薄”。

② bò 组成“薄荷”(bòhe) 一词，一种植物的名称。

下面这段相声《多音字》是根据老相声艺人创作表演并保留至今的优秀段子改编而成的，有上百年的历史。它不但有助于提高汉语学习者的听、说、读、写能力，而且还能让学习者感受到汉字的趣味。

In the Chinese language, there are a large number of polyphonic characters. These are characters with two or more different pronunciations, each of which carries a different meaning, and, along with the various pronunciations, the type of the word and thus its usage often differ as well. Some examples include:

将 ① jiāng adv. shall, will

② jiàng n. a military title, a general or other high-ranking officer

薄 ① báo adj. thin (for objects), insufficient (when applied to sentiments, flavors, etc.)

② bò This pronunciation only appears in the word for “mint”.

In the next section is a classic *xiangsheng* piece called *Polyphonic Characters*, which was created by artists over 100 years ago, and is still performed today. The piece not only aids in improving Chinese language learners' listening, speaking, reading and writing abilities, but also shows how interesting Chinese characters can be.

相声文本 Script

多音字

（单口相声）

大家好！我叫XX，来自XXX，我现在呢，在北京语言大学读书。您听我中国话说得还行吧？哎呀，可是对于我们外国人来说最难的就是中国字，有的字，一个字就有两个音；有时候，一个音又有很多不同的字。比如，数目里的"一"，就有很多的字全念"一"，如：衣服的"衣"，有病看医生的"医"，作揖的"揖"，依靠的"依"，您说有多少"一"？可又不是一个字。

也有一个音就只有一个字的，写不出第二个来的，但不多。像东西南北的"北"，就一个。大小的"大"，就一个。户口的"口"，

就一个。山水的"水"，就一个，找不出第二个了。不信您就找，找出来不白找，请客。真的请客，不论哪位找，谁要找谁找，谁找出来谁请客。您找吧。啊？？谁请谁？当然是您请我呀。为什么？因为您找

不着。谁输谁请嘛！对不对？

中国字啊，很神奇，不但一个音有很多字，还有的一个字有不同的音——多音。同是一个字，放在这里读一个音，放在那里又读另外一个音。您就拿这行（xíng）走的“行”（xíng）来说吧，就是这个字，换个地方，就不念行（xíng）了，得念行（háng）：银行（háng）、人民银行（háng）、中国银行（háng）……

再比如那个长（zhǎng）字，家长（zhǎng）的“长”（zhǎng）。像什么北京市长（zhǎng）、校长（zhǎng）、县长（zhǎng）、村长（zhǎng）、乡长（zhǎng）、组长（zhǎng）、班长（zhǎng），全念长（zhǎng）。还是这个长（zhǎng）字，换个地方，又不念长（zhǎng）了，念长（cháng）：万里长（cháng）城、长（cháng）江，这都念长（cháng）。还有一个是开会（huì）的“会”（huì）字，念会（huì）。也是这个字，换个地方又不念会（huì），念会（kuài），哪个会（kuài）呢？就是管理财务的会（kuài）计的那个会（kuài）。

所以说，该说行（xíng）说行（xíng），该说行（háng）说行（háng）；该说长（cháng）说长（cháng），该说长（zhǎng）说长（zhǎng）；该说会（huì）的说会（huì），该说会（kuài）的说会（kuài）。不信我说这么一段话，小李要找张会（kuài）计借自行（xíng）车，他应该这么说：“张会（kuài）计，今天我去银行（háng），找行（háng）长办点儿事儿，骑你的自行（xíng）车行（xíng）不行（xíng）？”张会（kuài）计说：“不行（xíng），我一会儿还骑自行（xíng）车开会（huì）去呢，不行（xíng）！不行（xíng）！不行（xíng）！”

您听清楚了吧，可不能给说错了。要不然就成了：“张会（huì）

计，今天我去银行（xíng），找行（xíng）长办点儿事儿，骑你的自行（háng）车行（háng）不行（háng）？”张会（huì）计说：“不行（háng），我一会儿还骑自行（háng）车开会（kuài）去呢，不行（háng）！不行（háng）！不行（háng）！”

这谁懂啊！

生词 Vocabulary

1. 行 xíng

① to walk：行走、步行

② travel, matters or objects related to travel：行装、行李

③ to circulate, to be prevalent：行销、风行一时

④ to implement, to practice：进行、行医

⑤ one's conduct：言行、罪行

⑥ to be OK, to be fine：不学习行不行

⑦ hard-working, pretty good (You're pretty good)：你真行，全答对了

⑧ cursive script of Chinese calligraphy：行书

háng

① row, break between paragraphs：字里行间

② measure word used for objects that appear in rows：泪下两行

③ some commercial enterprises：银行、商行

④ profession：同行、内行

2. 长 cháng

① distance between two points or ends of something：长度、绳子有多长

② long, lengthy (in terms of either space or time)：长短、长空、长夜

③ merit, specialized technique：特长、专长、各有所长

zhǎng

① to grow, to mature：长高、长胖

② to gain：长知识、长力气

③ aged or higher in status：长辈、长者、家长

④ leader or head：部长、校长

3. 会 huì

① to gather：会合、会审、会齐

② gathering with some kind of purpose：会议、开会

③ city, often a political center：都（dū）会、省会

④ to meet：会面、会见

⑤ to understand, to comprehend：会心、体会

⑥ to be able to do something, to be skilled at something：会游泳、会英语

kuài

会计：❶ accounting ❷ accountant

注释 Notes

1. 作揖

中国传统礼节。两手抱拳高拱，身子略弯，向人敬礼。

2. 户口

公安部门以户为单位登记本地区内居民的册子，转指作为本地区居民的身份。

文化讲堂 Cultural Classroom

自行车文化 Bicycle culture

自行车是一种代步工具，更是一种健康运动的时尚标志。19 世纪末，自行车从西方传入中国，渐渐成为百姓家中主要的交通工具。20 世纪 60 年代的中国号称“自行车王国”，自行车、缝纫机和手表成为当时年轻人结婚必备的“三大件”。近几年，中国经济迅猛发展，中国人的生活水准和生活方式发生了质的变化，中国正在转变成以运动、休闲为主体的消费大国。现今自行车文化被称为“绿色文化”，骑车有益身心，节约能源。自行车文化正在重新焕发生命力。

The bicycle is not only a method of transportation, but also a symbol of health and fitness in modern times. In the late 19th century, the bicycle was brought from the West to China, and gradually became an indispensable transportation tool of the Chinese people. In the 1960s, China was known as the “Kingdom of Bicycles”, and the bicycle, sewing machine and wristwatch became the “three must-have items” for young newly-weds. In recent years, with the rapid development of the Chinese economy, the lifestyle and standard of living in China have undergone much change, and China is now transforming into a country where fitness and recreation are becoming massive markets. Nowadays bicycle culture has become a kind of "green culture": cycling is great exercise, and conserves resources. Bicycle culture is once again gaining strength in China.

说一说 Let's Try It

学汉语

（对口相声）

甲：我学汉语已经三年了。

乙：那你的汉语一定说得不错！

甲：看还可以，说不行，我最怕念课文。

乙：为什么？

甲：汉语里多音字太多了！好多字都有两个以上的读音，一不留神就念错。

乙：是吗？

甲：比如咱俩说相声。"说相声"三个字，就有两个是多音字："说"（shuō）字还有一个读音念shuì，"相"（xiàng）字又念xiāng，"声"字还要念轻声，要是不懂啊，就念成 shuì xiāng shēng 了，你说人家能听懂吗？

乙：是听不懂。

甲：不光听不懂，有时候念错了，还会让人产生误会。比如说这段话："大家都别说了，该我说了，我就说一会儿，我说完你们大家再说。"要是把这段话里的"说"（shuō）字念成 shuì，那就麻烦了。

乙：怎么呢？

甲："大家都别 shuì 了，该我 shuì 了，我就 shuì 一会儿，我 shuì 完你们大家再 shuì。"

乙：好嘛！就许他一个人睡觉！

甲：有几对儿多音字我就老分不清。

乙：哪几对儿？

甲：一对儿是"躲藏"的"藏"(cáng) 和"西藏"的"藏"(zàng)。上次我念一段相声："小王，好久没露面了，你藏哪儿了？我当你去西藏了，闹了半天，你藏这儿啦！"

乙：你怎么念的？

甲：我不会念哪，全念反了："小王，好久没露面了，你 zàng 哪儿了？我当你去西 cáng 了，闹了半天，你 zàng 这儿啦！"

乙：嘿！给活埋啦！

甲：多音字学多了，慢慢儿我也摸着了一点儿规律。

乙：你摸着什么规律了？

甲：我发现，"中华"的"华"、"城区"的"区"、"菜单"的"单"、"仇恨"的"仇"，这都是常用字吧，可它们都还有一个不常用的读音。

乙：它们还念什么？

甲：在作姓的时候，"华"(huá) 念 huà，"区"(qū) 念 ōu，"单"(dān) 念 shàn，"仇"(chóu) 念 qiú。

乙：还真是这样。

甲：后来我就摸着了这条规律，一看到有常用字作姓的时候，我就想，会不会有别的读音哪？一查字典，还真发现一些多音字。

乙：你很会总结经验哪！

甲：你还夸我呢？我倒霉就倒霉在这儿上头了！

乙：怎么啦？

甲：上学期期末考试，有一位老师到我们班监考。我从课表上知道，这位老师姓石，“石头”的“石”。考试的时候，我有问题想问老师，刚要张口，忽然想起这“石”字还有一个不常用的读音，念 dàn，对，这 dàn 一定是姓，于是我就叫：“dàn 老师——”

乙：好嘛！老师成鸡蛋啦？

甲：这一下儿教室里笑翻了天。老师以为我是故意捣乱，一生气把我的考卷拿走了，你说我冤不冤哪！

乙：那怪谁呀！

3 三五句话

背景介绍 Background

下面是一个传统相声小段，已流传了上百年。这段相声要求双方对话时必须准确无误、灵活快捷、口随心动，体现了相声中汉语口语交流的反应速度和水准，往往作为开场时的垫话或翻场时的续段，同时也成为教徒弟时的初级必修课。当学习者把这个段子练到一定水平时，演出就会有非常好的效果。

This is a traditional short *xiangsheng* piece, which has been performed for over a century. The piece requires both performers to speak accurately and without error, have a fast reaction speed, and be able to improvise on the spot. It thus demonstrates the speed and standard of oral Chinese communication in *xiangsheng*, and is often used as an opening or encore piece. It is often considered a mandatory lesson for beginning students. When a student has a firm grasp of this piece, his or her performance is sure to please the audience.

相声文本 Script

三五句话

（对口相声）

甲：相声是中国语言文化的一种表演方式，讲究的是“说学逗唱”四门功课。

乙：这四门功课对我们学习汉语有很大帮助。

甲：但是相声也不是那么容易学会的。

乙：我觉得只要刻苦用心就能学会。

甲：不是光靠刻苦用心就能学会，首先你得有个条件。

乙：什么条件？

甲：得有嘴。

乙：谁没嘴呀？

甲：不单是有嘴，还得会说话。

乙：除了哑巴，谁都会说话。

甲：那要是学说话呢？

乙：更容易了！

甲：你跟我学说话，会吗？

乙：不就是鹦鹉学舌嘛，你说什么，我就说什么。

甲：对。

乙：连三岁的小孩儿都会，我连这个都不会我成傻子了。

甲：我还不是瞧不起你，别看三岁的小孩儿会，恐怕你就不会。

乙：你太看不起人了，不信咱试试。

甲：可别怕现眼！

乙：现什么眼哪？……等会儿，我得问清楚了，你让我学什么样的话？

甲：就是普通的短句。

乙：就是常用语？不是高难的绕口令什么的？

甲：不是。

乙：也不是古文？

甲：不是。

乙：学几句？

甲：不用让你学多了，就学三句。

乙：哈哈，就三句哇！别说三句了，就是三十句、三百句我都错不了，保证连那个标点符号都不会错。

甲：话太大了。现在开始！

乙：你说吧。

甲：说，我吃饭我也请你吃饭。

乙：就这个呀？说，我吃饭我也请你吃饭。

甲：说我喝茶我也请你喝茶。

乙：说我喝茶我也请你喝茶。

甲：错了吧？

乙：没有哇！

甲：你已经错了。

乙：哪儿错啦？

甲：我问你，咱们学几句？

乙：三句呀。再来，让大家听，我哪儿错了？

甲：第一句我说：说，我吃饭我也请你吃饭。

乙：对呀，我说的也是：说，我吃饭我也请你吃饭。

甲：第二句我说：说，我喝茶我也请你喝茶。

乙：对呀，我说的也是：说，我喝茶我也请你喝茶。

甲：第三句我说：错了吧？

乙：我说没……这句也算呢？

生词 Vocabulary

1.	口随心动	kǒusuí-xīndòng		one's words can quickly and accurately express one's thoughts and ideas
2.	刻苦	kèkǔ	adj.	hard-working, diligent, not swayed by difficulty
3.	瞧不起	qiáobuqǐ	v.	to look down on someone, to condescend
4.	现眼	xiàn yǎn		to embarrass or make a fool of oneself

注释 Notes

1. 鹦鹉学舌

鹦鹉是一种鸟，它经过训练后可以模仿人类说一些简单的词或者句子。鹦鹉学舌，指鹦鹉学人说话。比喻人家怎么说，他也跟着怎么说。

2. 标点符号

用来标示词语的性质和作用，以及语句的停顿和语气的书写符号。包括句号（。）、分号（；）、逗号（，）、顿号（、）、冒号（：）、问号（？）、叹号（！）、引号（“ ”、‘ ’）、括号（〔 〕、（ ））、破折号（——）、省略号（……）、着重号（.）、连接号（～、—、–）、书名号（《 》、〈 〉）等。

文化讲堂 Cultural Classroom

1. 垫话 *Dianhua* (opening short piece)

相声术语。指相声演员在表演正式段子之前先说的一个小段子，或指一个段子的引言、开场白、定场诗等，用来吸引观众，为后面的正题作铺垫。

It is a *xiangsheng* term that refers to a short piece or opening monolog which the performer uses to capture the audience's attention, as an introduction to the main piece.

2. 翻场 *Fanchang* (encore)

相声术语。指演员表演完一段相声后，赢得观众热烈的掌声、叫好等，为回馈观众的热情，此时演员暂时不退场，即兴再说一个小段子。

It is a *xiangsheng* term. After a *xiangsheng* performance has ended, if the audience applauds and cheers fervently, the performers will not leave the stage, and instead continue with an improvised short piece.

3. 续段 *Xuduan* (follow-up piece)

表演完一段相声后，又马上说的另一个相声小段。

It is a short *xiangsheng* piece that is performed after one piece has ended.

4. 说学逗唱 Speaking, mimicking, joking and singing

相声的基本功，也是表演相声的四种基本手段。

"说"是指演员能说绕口令、背贯口、对春联、打灯谜、说俏皮话、说正反话等。

"学"是指能学各地方言、各种地方戏曲曲艺、各地歌曲、各种买卖的吆喝（yāohe）声、口技等。

“逗”是指会说笑话，能逗哏，能捧哏，会表演双簧，幽默风趣能逗人发笑。

“唱”是指会唱太平歌词、开场小唱等。

These are the basics of *xiangsheng*, as well as the four basic methods involved in performing *xiangsheng*.

Speaking: any spoken skill used by the performers, including tongue twisters, *guankou* (fluid monologs), spring couplets, lantern riddles, two-part idioms, word reversals, etc.

Mimicking: imitating different dialects or languages, styles of opera and other forms of singing, hawking, natural sounds, etc.

Joking: making the audience laugh through humor, interaction between characters, and other performance styles such as *shuanghuang* (in which one actor lip-syncs while the other says the lines from a concealed location).

Singing: vocal performance of *taiping geci* (peace lyrics), opening ditties, and so on.

吆喝 Hawking

这里指大声叫卖，通常是带有传统特色的说唱形式。相声里通过这样的形式表现叫卖的场景，给人一种浓厚的生活气息。

It refers to shouting as one sells one’s wares. In China, this is typically done in a kind of traditional sing-song style. *Xiangsheng* often uses situations in which one is hawking wares to create strong vitality.

口技 Sound mimickry

杂技的一种，是一种仿声艺术。表演者用嘴摹仿各种声音，使听的人产生身临其境的感觉。

It is a kind of circus performer’s skill, in which the actor imitates various sounds, so that the listener is able to imagine different situations.

逗哏 *Dougen* (main role)

对口相声演出时，叙述故事情节，不断地说出笑料以让人发笑的主要演员，即相声中的“主角”。做逗哏的演员站在面向观众的左边。

In two-person *xiangsheng*, this is the one who constantly says things to amuse the audience, and is the “main role” of *xiangsheng*. From the audience’s perspective, the *dougen* stands on the left-hand side.

捧哏 *Penggen* (supporting role)

对口相声中，用话或动作、表情来配合逗哏，逗人发笑的演员，是相声中的“配角”。做捧哏的演员站在面向观众的右边。

In two-person *xiangsheng*, this is the one who assists the *dougen* in amusing the audience through words, actions or facial expressions, and is the “supporting role” of *xiangsheng*. From the audience’s perspective, the *penggen* stands on the right-hand side.

双簧 *Shuanghuang*

曲艺的一种。一人在前面表演动作，另一人藏在他身后说或唱，互相配合。

It is a kind of Chinese folk art. One person is in front doing the actions, while the other is behind speaking or singing, and the two work together to create comic effect.

太平歌词 *Taiping geci*

相声演员在开场前为吸引观众注意加演的一种表演形式，主要是唱。演唱时，把两片竹板夹在右手上，运用手指、手腕的变化，发出轻重和连环点来，作为伴奏。

It is a performance form added by the *xiangsheng* actor at the beginning of a show, based on singing. While performing, the actor holds two slips of bamboo in the right hand, using his fingers and wrist to strike them together and make light or heavy snapping sounds, in order to set a rhythm for the song.

说一说 Let's Try It

答非所问

（对口相声）

甲：咱们给大家说一回“所问非所答”，你行吗？

乙：什么叫“所问非所答”？

甲：就是问你几句话。

乙：没问题，我保证对答如流。

甲：比如说，您贵姓？

乙：姓刘呀！

甲：错了。

乙：没错，不但我姓刘，我们家除了我妈全姓刘，因为我爸爸就姓刘，那错得了吗？

甲：你没明白，我问你姓什么，你说你姓刘，就是问幼儿园小孩儿都能答出来，这叫“所问所答”。今天我们说的是“所问非所答”。

乙：什么叫“所问非所答”呀？你举个例子！

甲：比如我问“您贵姓”，你就说“我刚吃完饭”。

乙：这话挨不着边儿。

甲：这就对了，越挨不上越对，一挨上就错了。

乙：明白了，就是牛头对不上马尾，天上一腿地下一脚，谁也挨不上谁，问题回答得越离谱，越算对！这不是“仙鹤打架——绕脖子”吗？

甲：欸，对了！明白了？

乙：这叫什么玩意儿呀？

甲：这就叫“所问非所答”。

乙：不就是胡说八道嘛，这更容易了。

甲：更不容易，这就叫“难中易，易中难”。

乙：我问你，你问几句？可不能没完没了。

甲：就问五句。

乙：你问吧！

甲：行，亲爱的朋友们，您现在给我们做一个临时的裁判员，我现在问他五句话，他的回答越不挨着，就越对；他只要有一句回答得和我问的这句话挨上了，就算他错了。您受累给鼓鼓掌！

乙：鼓掌干什么呀？

甲：讽刺讽刺你的骄傲劲儿。

乙：没骄傲劲儿，就是有点儿机灵劲儿。你问吧！

甲：您贵姓？

乙：我刚才吃的饺子。

甲：你那饺子好吃吗？

乙：我们班里有一个女同学可漂亮了。

甲：她叫什么名字啊？

乙：我肚子痛。你随便问，一句都不会回答对的。

甲：哎，几句了？

乙：三句。

甲：哎？！答上来了！

乙：……（省悟地）咳！

甲：注意听，我问："您贵姓啊？"

乙：我坐火车来的！

甲：叫什么名字？

乙：我肚子不疼。

甲：得的什么病啊？

乙：刚洗完澡。

甲：哎，几句了？

乙：三句了！

甲：您看怎么样啊？不行了吧，甭问了，挨上了。

乙：不不不，什么就挨上了？

甲：我问你几句了。

乙：三句嘛！

甲：我问你几句了？

乙：我说三句了。

甲：嗯！这不挨上了吗？

乙：这"三句"也算一句呀？那我没留神，你再来就行了。

甲：再来你还是不行。注点儿意，全算哪！

乙：你来吧。

甲：贵姓啊？

乙：我坐火车来的。

甲：叫什么名字？

乙：我肚子不疼。

甲：得什么病啊？

乙：刚洗完澡。

甲：哎，几句了？

乙：三……嗯……嗯，那个，我三天没洗澡了！哈哈哈！

甲：唉，又错了。

乙：没错。

甲：哎！这不又错了吗？

乙：咳！

补充注释 Additional Notes

1. 所问非所答

也叫“答非所问”。也就是别人给你提出个问题而你给对方的回答跟提出的问题毫无关系。

2. 挨不着边儿

一点儿关系都没有。

3. 牛头对不上马尾，天上一腿地下一脚

意思是前言不搭后语，表示说话没有条理和逻辑。

4. 仙鹤打架——绕脖子

仙鹤脖子细长，打斗（dǎdòu）时，脖子会缠绕在一起。比喻说话办事拖拖拉拉，不直截了当。

4 北京话与方言

背景介绍 Background

同一句话用不同地区的方言讲出来有不同的韵味。下面这段相声介绍了北京话与普通话的区别及方言的一些局限。这段相声由相声大师侯宝林先生与学者吴晓铃先生共同创作，以风趣幽默的方式让人们意识到学习和推广普通话的重要性。下面的版本是根据侯宝林先生的演出本稍加改动和节选而成的。

A given phrase, spoken using dialects of different regions in China, will have a different feeling to it. The following *xiangsheng* piece describes the differences between the Beijing dialect and Putonghua (standard Mandarin Chinese), as well as the shortcomings of dialects. This piece was created by the *xiangsheng* master Mr. Hou Baolin and the scholar Mr. Wu Xiaoling. It uses humorous methods to make listeners realize the importance of learning and promoting Putonghua. The version of the piece appearing below is based on the performance version used by Mr. Hou Baolin, with some slight revisions and abridgements.

相声文本 Script

北京话与方言

（对口相声）

甲：相声是汉语言的艺术，得用普通话讲。

乙：普通话不就是北京话吗？

甲：错了不是。

乙：怎么？

甲：北京话是北京话，普通话是普通话。

乙：哦？这还不一样啊！

甲：嗯，现在推广普通话。

乙：是。

甲：它是以北方话为基础方言。

乙：噢。

甲：准确地说是以北京语音为标准音，以北方话为基础方言，以典范的现代白话文著作为语法规范的现代汉民族共同语，这才叫普通话。

乙：太复杂了。我不太明白，为什么非要说普通话呢？

甲：您看说普通话的好处多了。因为中国地域宽广，有山南的、海北的，各处的人在一起工作，如果都用方言那就不好懂了，所以，说普通话彼此都能懂。

乙：噢。

甲：您比如说这么一句话吧——

乙：什么话呢？

甲："你看这是什么？"用普通话说就好懂。

乙：是呀，很明白呀。

甲：可是，您要用老北京话说就跟这个不一样了。

乙：老北京话怎么说呢？

甲："你瞜瞜（lōulou）这（zhèi）是什么？"

乙：瞜瞜？

甲：普通话说“看看”，都懂，用老北京话叫“瞜瞜”，外地人就不懂了吧。

乙：变化太大了。

甲：您要到天津，这句话就又变了。

乙：天津话怎么说？

甲：“你看看这（jiè）是（sì）嘛（mà）？”

乙：噢！这是天津话。

甲：对。

乙：跟老北京话又不一样了。

甲：到上海，又不同了。

乙：上海话又怎么说呢？

甲：“侬（nóng）看看（kuīkui）这个（dìge）是（gē）什么（sāmezi）？”

乙：什么呀？这句话我就不懂。

甲：也是这个意思呀，“你看看这是什么？”

乙：噢。

甲：要是到了河北唐山一带，这句话又变味儿了。

乙：这句话怎么说呢？

甲：“你瞅瞅（chōuchou）这（zhèi）是（sì）么（me）？”

乙：噢，这是唐山地区的话。

甲：您要到福建省福州，跟这又不同了。

乙：是呀？！

甲：那更不好懂了。

乙：福建话这句怎么说呢？

甲：“你（lū）看（kàn）这（zuì）是（sēi）什么（sēnnao）？”

乙：这句话我更听不懂了。

甲：所以呀，大家都学普通话有好处哇！

乙：是喽。

甲：普通话跟北京话区别不大。

乙：噢！

甲：您要学普通话常听相声有好处。

乙：嗯，能够学普通话。

甲：但是听相声的时候，千万得注意，有的演员爱用北京的方言、土语。

乙：什么叫土语呀？

甲：土语就是某一个地方的语言，说起来只有本地方懂，离开那地方人家就不懂了。用文字也不好写，即便写出来你也看不懂。

乙：写出来也看不懂？！您举个例子。

甲：您比如说普通话，这句话挺好懂："欸，张先生，昨天我去看你，你没在，我等了很久你也没回来，后来我就走了。"你看这话好懂吧？

乙：好懂。

甲：您要用北京的土语，大部分人就不懂了。

乙：是吗？那怎么说？

甲："嘿，哥们儿！昨儿我瞜你去了。"

乙：瞜我去了？！

甲："我一瞜，你颠儿啦。"

乙：我颠儿？

甲："溜溜儿等你半天儿，压根儿你也没回来，我一瞧，褶子了。"

乙：嗯——？

甲："我就撒丫子了。"

乙：这话谁懂啊？！

生词 Vocabulary

1.	推广	tuīguǎng	v.	to promote, to popularize
2.	规范	guīfàn	n.	standard, norm
3.	山南海北	shānnán-hǎiběi		from the south of the mountains to the north of the ocean: throughout the land, everywhere
4.	彼此	bǐcǐ	pron.	each other, one another

注释 Notes

1. 颠儿

方言，意为走、跑。

2. 溜溜儿

方言，表示时间长。

3. 压根儿

意为根本、完全。

4. 褶子

方言，意为坏了、麻烦了。

5. 撒丫子

方言，意为快走、跑。

文化讲堂 Cultural Classroom

1. 普通话的由来 The origins of Putonghua

民族共同语是民族内部共同用来交际的语言，是识别一个独立民族的主要标志之一。汉民族共同语早在夏商周时期就产生了。当时的民族共同语叫“雅言”，主要流行于黄河流域。我国第一部诗歌总集《诗经》的语言就是雅言。汉代的民族共同语叫“通语”。唐宋时期，人们写文章、作诗词非常注意使用“正音”(国家颁布的读音)。明清时期的汉民族共同语叫“官话”。民国时期汉民族共同语叫“国语”。中华人民共和国成立后的汉民族共同语叫“普通话”。

A common national language is a language used for communication between the people within a country, and is one of the main attributes of an independent people. The common language of Han Chinese was first born as early as in the Xia, Shang and Zhou dynasties. At the time the common language was known as “high speech”, and was mainly in wide use in the Yellow River basin. The language used in the first collection of Chinese poetry and songs, *The Book of Songs*, was this high speech. The common language of the Han dynasty was referred to as “common tongue”. In the Tang and Song dynasties, when people wrote prose or poetry, much attention was paid to using the “standard pronunciation”, namely the readings for words as decreed by the royal court. The Chinese common language used in the Ming and Qing dynasties was called “official speech”. In the Republican era it was known as “Guoyu (the national language)”. Finally, after the founding of the People’s Republic of China, the Chinese common language became known as “Putonghua (common speech)”.

2. 普通话的定义 The definition of Putonghua

以北京语音为标准音，以北方话为基础方言，以典范的现代白话文著作为语法规范的现代汉民族共同语，即为普通话。

Putonghua is the modern common language of Han Chinese, with Beijing-style pronunciation as the standard pronunciation, the northern dialect as the basic dialect, and modern plain-speech literary works as the grammatical standard.

3. 北京话 Beijing dialect

是一种主要分布在北京地区的汉语方言。如：

棒槌　bàngchui　外行，什么都不行。

倍儿　bèir　特别、非常、加倍。

大拿　dàná　某方面的专家。

It is a dialect of Chinese mainly found in Beijing and the surrounding area. For example:

棒槌　mallet: layman, amateur

倍儿　very, extremely, extraordinarily

大拿　expert in a certain field

4. 现代汉语方言区的分布 Dialects of modern Chinese by region

现代汉语方言通常分为七大方言区：北方方言、吴方言、湘方言、赣方言、客家方言、粤方言、闽方言。

The dialects of modern Chinese are typically divided into seven categories by region: northern dialect, Wu dialect, Xiang dialect, Gan dialect, Hakka dialect, Cantonese dialect, and Min dialect.

说一说 Let's Try It

画圈儿

（单口相声）

我到中国学习汉语，觉得汉语很有意思，特别喜欢中国的诗歌，所以也经常模仿中国古人写一些诗什么的。记得有一天，我走在路上，忽然下起雨来了，我没有带伞，怎么办呢？就赶快跑到路边一个棚子底下躲雨。当时我被雨一淋，立刻来了灵感，诗兴大发呀！我就作了一首诗。我这首诗是这样的：

西北天边一片云，霹雷闪电吓死人。

早知今天下大雨，坐在家里不出门！

怎么样？我这首诗作得好不好？我自己非常非常高兴。回到家里我就想：哎呀！这么好的一首打油诗，我不能把它忘掉，应该把它写下来。于是，我拿起了笔，铺好了纸，开始写“西北天边一片云”，这个词儿太美了。可是这些汉字我写不全，前面几个还可以，写到“云”的时候，我就不会写了，为什么呢？大家都知道，有时候汉字写起来比较复杂，有什么简体、繁体，还有什么行、草、隶、篆、楷等不同的字体，怎么写好呢？我拿不定主意了。噢，我突然想起来，老师曾经告诉过我们：哪个字不会写，可以先在上面画一个圈儿，然后再去问老师。对！这是个好办法。于是，我就在“云”字那里画了一个圈儿。

第二句“霹雷闪电吓死人”，哎呀，这个“人”字应该写哪个

字体好呢？我也拿不定主意了，对！再画一个圈儿。

第三句“早知今天下大雨”，这个“雨”我又拿不定主意了，干脆再画一个圈儿。

最后一句“坐在家里不出门”的“家”和“门”字怎么写好呢？于是，我又画上了两个圈儿。都画完了之后，我再一念，这首诗就更好听了，那就是：

西北天边一片圈儿，霹雷闪电吓死圈儿。

早知今天下大圈儿，坐在圈儿里不出圈儿！

这哪儿是诗呀，我成套圈儿的了！

补充生词 Additional Vocabulary

1.	棚子	péngzi	n.	a small shack made of bamboo or wood, usually consisting of only four pillars and a roof, without any walls
2.	淋雨	lín yǔ		to get rained on, to become soaked from rain
3.	诗兴大发	shīxìng-dàfā		to have a sudden and intense urge to write a poem
4.	打油诗	dǎyóushī	n.	an old-fashioned form of poem, of which the content and expression are humorous and easy to understand, free from the restrictions of classical poetry

5 儿化音

背景介绍 Background

下面的相声小段讲的是北京方言中一些儿化音的情况，什么时候应该用儿化，什么时候不应该用儿化。如果儿化音使用不恰当，有时会闹出笑话。这段相声是学者吴晓铃先生和相声大师侯宝林先生共同创作的《普通话与方言》中的片断，为便于学习者了解和掌握，选入本书时作了相应的改动。

This short *xiangsheng* piece is about the retroflex final ("-r" sound) appearing at the end of words in the Beijing dialect. The examples describe when the retroflex final should and should not be used, showing that if the retroflex final is used incorrectly, it will often lead to humorous results. This is an excerpt from the piece *Putonghua and Chinese Dialects*, written in collaboration by the scholar Mr. Wu Xiaoling and the *xiangsheng* master Mr. Hou Baolin, and revised accordingly for this book to aid Chinese language learners in understanding and performing the piece.

相声文本 Script

儿化音

（对口相声）

甲：学汉语时要注意，要学普通话，别学北京话，因为北京话有一个特点。

乙：什么特点？

甲：就是儿化韵或者说儿化音多。

乙：儿化音？

甲：这也是和普通话最大的区别之一。普通话说“今天”“明天”“后天”。

乙：对呀。

甲：北京话那就不这样说了。

乙：怎么说呢？

甲：“今儿”“明儿”“后儿”。

乙：对！

甲：“没事儿出门儿”，“遛弯儿”，“买根儿冰棍儿”。

乙：噢，这是儿化音。

甲：欸！你看这儿化音也有它的好处。

乙：那有什么好处呢？

甲：你要写在文字上，你写“冰棍”，可是你要说话哪，就得说“冰棍儿”。

乙：冰棍儿。

甲：冰棍儿，它区别了词义。冰棍儿，加这个儿化叫你听着这东西不大。

乙：噢！就是小的意思。

甲：欸！“您瞧，天儿热呀！来根儿冰棍儿。”

乙：噢。

甲：“来根儿冰棍儿。”这样听着好听，你要不用儿化音，听着就可怕啦！“今天热啊！你来一根冰棍！”

乙：嗬！

甲：冰棍哪！

乙：那得多大呀！

甲：说的是呀。四人扛着吃？

乙：那怎么吃呀！

甲：是不是？

乙：对。

甲：儿化音的特点用好了，它能够区别词义，往往就表现了细小或者喜爱的感情。

乙：是吗？

甲：比如，我们看一小孩儿，“欸，你看这个小孩儿多好呀，长得跟花儿似的”。

乙：夸这个小孩儿。

甲：他都用儿化。你要不用儿化哪，这意思就差了。

乙：是吗？

甲：“欸，你看这个小孩儿长得跟花似的。”

乙：花似的？

甲：“你看这个小孩儿长得跟花似的。”“那小孩儿长得跟汽油桶似的。”能这么说吗？

乙：那是不行！

甲：所以说儿化音有它的好处。但是你也不能都用儿化音。初学汉语的人，往往分不清哪些词该用儿化，哪些词不该用。你掌握了儿化音的特征就比较容易用对了。

乙：就是要表现细小、喜爱的感情的时候，用儿化音就没错了。

甲：这是一般的规律，但北京话它儿化的地方多，还有重叠儿化。

乙：什么叫做重叠儿化呢？

甲：比如说，像什么“胖胖儿的、瘦瘦儿的、慢慢儿的、快快儿的、轻轻儿的……”，这些都是重叠儿化。

乙：噢，两个字儿一样，后边加个"儿"，这叫重叠儿化。

甲：不用儿化不好听，"这人胖胖的，那人瘦瘦的，你快快的，你慢慢的"。

乙：这么说是不如用儿化好听。

甲：可在生活中也有这么说的。

乙：有这么说的吗？

甲：有。比如大人对小孩儿。小孩儿刚一周多，一岁多点儿，大人为教他说话，哄孩子这么说。

乙：是呀。

甲："乖乖，慢慢走。"

乙：噢。

甲："妈妈带你上街街。"

乙：嗯。

甲："叫叔叔"，"叫姑姑"。

乙：对。

甲："叫妈妈"，"带帽帽"，"穿袜袜"，"我带你去买肉肉"。

乙：欸。

甲："吃饺饺"，"买包包"。

乙：嗯，是这么说。

甲：包子、饺子，什么"饺饺""包包"哇。

乙：是哄小孩儿嘛。

甲：对大人没那么说的。

乙：为什么呢？

甲：不礼貌了。我要跟你说话都是这样："刘先生，没事儿呀？"

乙：没事儿。

甲："咱们出去遛个弯儿，聊聊天儿。"

乙：好哇。

甲："我请您吃饭。"

乙：更好啦。

甲："咱们俩吃包子，要不然吃饺子。"

乙：随您。

甲："您戴上帽子，拿个外套儿，今儿可有点儿凉，咱们走吧！"

乙：走！

甲：是这样吧？

乙：没错。

甲：要是照着哄孩子那样，你就不满意了。

乙：不会，你只要想请我吃饭，随你怎么说我都满意。

甲：是吗？那咱试试："刘先生，没事事呀？"

乙：没事儿。

甲："我带你出去遛遛。"

乙：遛遛？！

甲："我请你吃包包。"

乙：噢。

甲："给你买饺饺。你戴上帽帽。叫叔叔，叫姑姑。我请你吃包包。"

乙：咳！这么说我成傻子啦！

生 词 Vocabulary

1.	出门儿	chū ménr	to go outdoors, to leave one's home to run errands or do other things

2.	遛弯儿	liù wānr		to talk a stroll
3.	冰棍儿	bīnggùnr	n.	ice lolly
4.	区别	qūbié	v.	to differentiate, to distinguish between different things
5.	扛	káng	v.	to carry something on one's shoulder
6.	细小	xìxiǎo	adj.	fine, minute
7.	重叠	chóngdié	n.	duplicate or overlap, here referring to when a Chinese character appears twice in succession to form a word

注释 Notes

1. 哄孩子

跟小孩儿说话、玩耍，使小孩儿开心、高兴。

2. 随您

按照对方的意思做，表示对对方的尊敬。

文化讲堂 Cultural Classroom

儿化 Retroflex final

“儿化”指的是一个音节中，韵母带上卷舌色彩的一种特殊音变现象。这种卷舌化了的韵母就叫做“儿化韵”。

用汉语拼音拼写儿化音节，只需在原来的音节之后加上“r”（表示卷舌作用）就可以了。例如，芽儿（yár）、馅儿（xiànr）。儿化有区别词义、词性的作用，或表示细小、亲切、喜爱的感情色彩。

The retroflex final is added to the end of some syllables in Mandarin Chinese for various purposes. It is vocalized by curling the tongue backward.

To indicate the retroflex final when writing Chinese *pinyin*, simply add an "r" to the end, e.g. yár, xiànr, etc. The retroflex final is used to distinguish between meanings and grammatical functions of certain words, or in some cases to add a sentimental quality, e.g. to emphasize that something is little, to make it sound cute or familiar, and so on.

说一说 Let's Try It

哥儿俩

（歌谣）

小哥儿俩，红脸蛋儿，手拉手儿，一块儿玩儿。

小哥儿俩，一个班儿，一路上学唱着歌儿。

学造句儿，一串串儿，唱新歌儿，一段段儿，学画画儿，不贪玩儿。

画小猫儿，钻圆圈儿，画小狗儿，蹲庙台儿，画只小鸡儿吃小米儿，画条小鱼儿吐水泡儿。

小哥儿俩，对脾气儿，上学念书不费劲儿，真是父母的好宝贝儿。

半大猫

（歌谣）

猫头猫脸儿，猫鼻子猫眼儿，

比大猫小不多，比小猫大不点儿。

补充生词 Additional Vocabulary

1.	哥儿俩	gēr liǎ		a pair of brothers
2.	红脸蛋儿	hóng liǎndànr		red face (of a small child)
3.	庙台儿	miàotáir	n.	dais in a temple
4.	对脾气儿	duì píqìr		(of two people) equally or similarly tempered

6 吃的学问

背景介绍 Background

下面是一段关于“吃”这个字的相声。“吃”这个字与其他不同的字或词组合，会产生完全不同的意思，有的跟吃的本义有关系，有的跟本义没什么关系或关系比较远，是吃的引申义或者比喻义。在汉语中，一个字或词与另一个字或词组成一个新词，其意义就会变化，这种情况在汉语词汇的发展中是很多见的。

下面这个相声小段是北京语言大学汪宗虎教授2007年为在校留学生董默涵（爱尔兰人）和莫里斯（贝宁人）创作的。该相声曾在中央电视台“外国人中华才艺大奖赛”中获奖，在其他省市电视台播出后也受到好评。此外，该相声小段还曾作为赴新加坡、马来西亚等国演出时的保留节目，收到了很好的演出效果。丁广泉对该相声小段作过多次排练修改，目前已成为一个较为成熟的作品。

This *xiangsheng* piece revolves around the Chinese character “吃”, the basic meaning of which is “to eat”, but, depending on how it is paired, the character may take on very different connotations. Some of these meanings are still related to eating, while others are only vaguely related, or not at all, being extrapolations or metaphors. In the Chinese language, when a character or word is paired with another to form a new word, its original meaning will often undergo change, a phenomenon ubiquitous in the development of the Chinese lexicon.

This short piece was created in 2007 by Beijing Language and Culture University professor Wang Zonghu for the international students Richard Doran (from Ireland) and Maurice (from Benin). The two students’ performance earned them an award in the CCTV Chinese Talent Competition for Foreigners, and was warmly received by audiences after being aired on various other local television networks. The show was later performed in Singapore and Malaysia, also to great success. Ding Guangquan has carried out many revisions and rehearsals on this piece, making it a well-honed script.

相声文本 Script

吃的学问

（对口相声）

合：朋友们，大家好！

甲：在这里我祝愿：老年朋友身体健康！中年朋友工作顺利！青年朋友恋爱成功！少年朋友学业有成！

乙：看来你这汉语学得真不错，一张嘴就说出这么多好词儿来。

甲：那是呀，因为我们在中国学习和生活，汉语提高得能不快吗？

乙：对，有一个好的语言环境非常重要，语言是人与人之间交流的最主要的工具嘛！我发现咱俩几天不见，你的汉语水平又提高了一大块儿呀！

甲：哪里，哪里，差得太远了。不过，通过这段时间的学习，我对汉语的一个方面倒是真有了点儿研究。

乙：哪个方面？

甲：一个字——吃。

乙：好！中国的吃确实值得研究，中国的吃可以说是五花八门，光大的菜系就有八个：鲁菜、川菜、粤菜、闽菜、湘菜、浙菜、苏菜、徽菜。此外，还有……

甲：停！我这里指的可不是吃大餐……

乙：噢，原来你说的是小吃呀。中国的小吃也闻名世界。无论天上飞的、地上跑的、水里游的、草地上蹦的……只要是活的东西，中国人都能吃出名堂和水平来。

甲：太对了，我就发现中国人什么都能吃，连房子都能吃。

乙：房子？！

甲：对呀，吃房子！

乙：别瞎说了，房子怎么能吃？

甲：不信，我问你，你每天在哪儿吃饭哪？

乙：在食堂吃呀！

甲：在食堂吃饭还可以怎么说？

乙：吃食堂啊。

甲：对呀，这食堂不是房子吗？

乙：这你可是理解错了，“吃食堂”是指吃饭的一种方式，是说“在食堂里吃饭”。

甲：这不是也用“吃”字吗？我第一次听的时候就吓了一大跳。

乙：这有什么大惊小怪的呀？这就是一种说法。你要是这么说的话，那还能吃比房子更大的呢！

甲：你说说看！

乙：军队打仗的时候，军人常说：“报告首长，昨天我们吃掉了敌人两个团，今天又吃掉了一个师！”

甲：嗬！一个师好几千人，你一口就给吃了？

乙：咳，这里不是说真的用嘴吃，这里的“吃”是“消灭”的意思。

甲：我当然知道了。我的意思是说汉语里的“吃”非常有意思。根据我的研究，我发现中国文化中有很多跟吃有关的词，它不是真往嘴里吃，但又必须吃到肚子里、吃到心里，有些甚至还得吃到脑袋里，不想吃还非得吃，不愿意吃还必须吃，吃得好也得吃，吃得不好也得吃，非吃不可，你明白了吧？

乙：我糊涂了，你说绕口令呢？

甲：比方说，“吃苦、吃力、吃惊、吃亏”，不想吃吧？有时候咱们都得吃。

乙：谁都有可能吃上。

甲：你说这是嘴里吃到什么了吗？

乙：不是。

甲：那这是吃哪儿了？

乙：这都吃到心里了。

甲：还有像什么“吃醋、吃紧、吃罪、吃准、（快）吃官司、吃败仗、吃鸭蛋、吃枪药、吃老本儿、吃空额、吃豆腐、吃功夫、吃闭门羹、吃哑巴亏、吃后悔药”。也就是说，在汉语中，“吃”这个字用途太大了，不管说什么事儿，经常就能用上这个“吃”字。没办法。

乙：怎么没办法？不说“吃”字没问题啊！汉字成千上万，用别的字代替啊！

甲：有些话可以，有些话你就躲不开，不用就不好懂了。

乙：不可能，我就躲得开，而且大家还都能懂。

甲：你要不信，那我随便问你点儿什么，保证不出三五句，你肯定就得说出“吃”字来。

乙：不见得，我告诉你，从现在开始我保证不但不说“吃”，凡是进

嘴里的，我都不用！像什么“吃、喝、咬、舔、吸、咽”，连个“吻”（学飞吻）都不说！

甲：那你怎么说？

乙：我说“亲”！谁都懂，对吧？只要和“吃”一类的我都不说。

甲：话太大了。我问你，你昨天去哪儿了？

乙：我上街买东西去了。

甲：买什么了？

乙：买吃的呗。

甲：怎么样？五秒还不到。说“吃”了吧！

乙：你是问我买了什么东西，当然得有吃的。再说你也没说开始呀，你要说开始，我就注意了，就可以不说“吃”这个字了，刚才这个不算。

甲：不算吗？那好，咱们继续来。你不能说这“吃”字啊？

乙：来，没问题。

甲：（拍拍乙肩膀）我问你，你昨天去哪儿了？

乙：我上街买东西去了。

甲：买什么了？

乙：很多，就是——买点儿饮食用品呗。

甲：一看你这个体形就知道你肯定老爱买好吃的，对吧？

乙：对。

甲：为什么呀？

乙：那还用问？好……（欲说吃字又止住了）东西，它香！差点儿说出来。

甲：香就是……？

乙：香就是又馋人又有滋味嘛。

甲：又馋人又有滋味的东西放到嘴里的感觉是……？

乙：味儿浓啊。

甲：味儿浓就得慢慢的……

乙：琢磨呀！

甲：越琢磨就越……

乙：让人喜欢哪！

甲：喜欢之后看见了就还想……

乙：再来一点儿。

甲：嘿，他就不说“吃”呀？

乙：对，我就不说那个字。

甲：哪个字呀？

乙：就是左边一个方块儿，右边一个“乞丐”的“乞”字。

甲：这字念什么呢？

乙：这字不就是……我不认识，我就是认识我也不说。

甲：真有你的，算了，不问你了，干脆我请你享受一顿豪华的法式大餐吧！

乙：好。

甲：可我没带钱，你先借我点儿？

乙：不行，我兜里也没带钱。

甲：你看咱们俩当着这么多人的面，出门不带钱多丢人哪。对了，咱们都是学汉语的，兜里没钱，换个词儿还能怎么说？

乙：那就说“不富裕”，“我有点儿经济危机”，“我实在不好意思”……

甲：没错，但都不太准确，用一个更准确点儿的词儿怎么说？就是那天你出门忘带钱了，你跟咱们一个北京同学借，他说的那句……

乙：噢，那句呀："哥们儿，真对不起，我这两天也是手头儿吃紧哪！"

甲：看，你说出来了！

乙：（突然反应）咳！我把这茬儿忘了！

生词 Vocabulary

1.	五花八门	wǔhuā-bāmén		widely varied, of rich variety, multifarious
2.	菜系	càixì	n.	style of cuisine, based on regional ingredients, cooking methods and historical influences
3.	瞎说	xiāshuō	v.	to talk nonsense
4.	大惊小怪	dàjīng-xiǎoguài		to be alarmed at something perfectly normal, to make a mountain out of a molehill
5.	团	tuán	n.	(military) regiment, which in China consists of about 1,500 people
6.	师	shī	n.	(military) division, which in China consists of about 10,000 people
7.	不见得	bújiànde	adv.	not necessarily
8.	当面	dāng miàn		in front of, to one's face
9.	这茬儿	zhè chár		this matter (Beijing dialect)

注释 Notes

1. 吃出名堂

    吃出花样，吃出很多种形式。

2. 吃苦

    承受苦难，遭受痛苦。

3. 吃力

    费力，费劲儿，不容易做。

4. 吃惊

    感到惊讶。

5. 吃亏

    遭受损失或者伤害。

6. 吃醋

    嫉妒，多指男女关系方面。

7. 吃紧

    严重，紧张。

8. 吃罪

    承担罪责。

9. 吃准

    确定。

10. 吃官司

    被人控告。

11. 吃败仗

    打仗失败了。

12. 吃鸭蛋

    考试得零分。

13. 吃枪药

枪药，老式的枪在发射子弹前装进去的火药。吃枪药，形容说话的人态度不好，火气大，说话的口气好像带有火药味儿。

14. 吃老本儿

依靠以前攒下来的钱过日子。也比喻依赖原有的知识、本领或功劳过日子。

15. 吃空额

为了从上级多领钱而撒谎多报人数。

16. 吃豆腐

占女人便宜。

17. 吃功夫

费时间，费精力。

18. 吃闭门羹

羹（gēng），蒸、煮成的糊状食物。吃闭门羹，指去别人家拜访时，主人不在家，或者被主人拒绝进门。

19. 吃哑巴亏

吃了亏又没办法说出来。

20. 吃后悔药

事后懊悔。

文化讲堂 Cultural Classroom

汉语词义的构成与发展 The formation and development of semantics in Chinese

汉语可以分为单义词和多义词。单义词指的是一个词的意义只概括反映某一类事物或现象，例如：“人、猫、原子”等等。多义词指的是一个词概括反映互相有联系的几类事物或现象。

一个词在刚开始产生的时候大多是单义词，在使用中，有关的意义也逐渐用这个词来表达，慢慢就变成了多义词。

一个词最开始的意义叫做本义，人们在使用语言的过程中，受到生活环境、工作条件、风俗习惯、思维互动甚至语言成分之间相互作用的影响，就会慢慢发展产生出其他意义，这些意义都与这个本义有或多或少的联系。本课中的“吃”，其本义是吃东西的意思，慢慢发展产生了各种其他的意义，这些意义与吃东西的意义相关或类似。

In Chinese, some words have only one meaning, while others have multiple meanings. A single-meaning word only refers to one object or matter, such as “人 (person)”, “猫 (cat)”, and “原子 (atom)”. A multiple-meaning word is one which includes several different yet interrelated facts or phenomena.

Most words, upon initial inception, were single-meaning words, and through usage have been gradually borrowed to refer to other related things, thus eventually becoming multiple-meaning words.

The original meaning of a word, through years of applied use, is influenced by the living environment, work conditions, cultural customs, intellectual interaction, and even the functions of other linguistic elements, to gradually give rise to various other meanings, which are related to varying extents to the original meaning. The character “吃” covered in this lesson originally refers to the act of eating, but has gradually taken on many other meanings, which are related or similar to eating.

说一说 Let's Try It

宁波话

（对口相声）

甲：我发现了一个地方，说话优美而具有音乐性。

乙：哪儿呀？

甲：宁波。

乙：浙江宁波？

甲：对啦！说出话来就跟唱歌一样。

乙：怎么见得？

甲：那天，我在一个裁缝店，听到了师徒的一段对话，太有音乐性了，你要把它的谱记下来，就是一首动听的歌。

乙：怎么可能呢？

甲：你要不信，我给你学学他们师徒的对话，师父先叫小徒弟："来发！"

乙：这是什么意思？

甲：小徒弟的小名叫来发。简谱不是"抖、来、咪、发、搜、拉、西、兜"吗？

乙：对，写出来就是1234567$\dot{1}$？

甲：对啦，这徒弟叫"来、发"，两个音符！

乙：写出来就是2、4。

甲：别那么叫，得按照音符说，就是"来发"！

乙：噢，徒弟怎么说？

甲："搜西？"

乙：说的是什么意思？

甲：他是问师父："什么事儿？"

乙：噢，5、7又俩音符。

甲："抖来。"

乙：什么意思？

甲：拿来。

乙：噢，是让徒弟拿东西。

甲："搜抖来？"就是："啥拿来？"

乙：要什么呢？

甲："西抖来。"就是："线拿来。"

乙：就把线拿来吧！

甲：他没有。又问："搜西抖来？"就是："什么线拿来？"

乙：问清楚。

甲："米搜西抖来。"就是："棉纱线拿来。"

乙：棉纱线。

甲："搜米搜西抖来？"就是："什么棉纱线拿来？"

乙：这徒弟问得真仔细。

甲："拉米搜西抖来。"就是："蓝棉纱线拿来。"

乙：这回清楚了，去拿。

甲："发抖！发抖！"就是："不拿！不拿！"

乙：不给拿？

甲：师父一看支使不动他，自己去拿了，一看他在哪玩儿呢，就说了："发抖西抖米。"就是："不拿线去淘米。"

乙：徒弟怎么样？

甲："发抖米，发抖米！"就是："不淘米，不淘米！"

乙：跟师父较上劲儿了。

甲："来发，发抖拉米搜西抖来，西发抖米！来发，西来抖！西来抖！"就是："来发，不拿蓝棉纱线拿来，又不淘米！来发，你懒惰！你懒惰！"

乙：老师父生气了。

甲：就这么一段对话，有意思吧？

乙：有意思倒是有意思，可谁听得懂啊？

甲：要是把这些联在一块儿唱起来绝对是一段音乐。

乙：你唱一个我听听。

甲：你听啊：（唱）24 ～ 57？ ～ 12 ～ 512？ ～ 712 ～ 5712？ 35712 ～ 535712？ 635712 ～ 41！ 41！ ～ 41713 ～ 413 ～ 413！ ～ 24 ～ 41635712 ～ 7413！ 24 ～ 721！ 721！！ ～～

乙：真跟歌一样啊！

7 俏皮话

背景介绍 Background

俏皮话又称歇后语，一般由两个部分构成，前一部分是形象的比喻，像谜面，后一部分是解释、说明，像谜底，表达了说话人的本意或本意的谐音，十分自然贴切。有些歇后语的谜底大家都知道，所以只说前一部分就行了，“歇”去后一部分，所以称它为歇后语。但如果是不常用的歇后语，就需要说出后半句，要不然听的人可能不懂什么意思。

最早出现“歇后”这一名称是在唐代，但这种语言形式则远在先秦时期就已出现了，如“亡羊而补牢，未为迟也”（出自《战国策·楚策四》），意思是说，丢了羊以后马上去修补羊圈，还不算太晚。这是我们今天能看到的最早的歇后语了。

下面这段相声由丁广泉、王振宽共同创作，说的就是歇后语。

“Two-part idioms” refer to a type of wordplay expression in Chinese. The first part is a metaphor, similar to the question part of a riddle, while the second part is the explanation, or answer to the riddle, expressing what the speaker truly wishes to convey, or a homonym of it, in a way that is very natural and accurate. The answers to some two-part idioms are common knowledge in China, so only the first part needs to be said, the second part being omitted; the original Chinese term “歇后语” refers to this phenomenon. However, for such idioms that are not used commonly, the second part must also be provided by the speaker, otherwise the listener will not understand the intended meaning.

The first appearance of the term “歇后” (leaving out the latter part) appeared in the Tang dynasty, but the form itself appeared as early as pre-Qin times. For example, “Mending the pen after the sheep have fled: not too late” (from *Intrigues of the Warring States* – Intrigues of Chu,

Part 4). It means that after one's sheep have escaped or been stolen from the pen, it is not too late to fix the fence, in prevention of the same thing happening in the future. This is considered the earliest documented Chinese two-part idiom.

This *xiangsheng* piece was written in collaboration by Ding Guangquan and Wang Zhenkuan, and is based on Chinese two-part idioms.

相声文本 Script

俏皮话

（对口相声）

甲：不知道你发现了没有，学汉语最好的一个办法就是学习相声。

乙：对呀，相声是汉语言的艺术嘛！

甲：它能让我们学到很多课堂上学不到的汉语知识。

乙：对我们的生活非常有用。

甲：就拿和不认识的人见面来说，只要一句话就能看出一个人的素质和水平来。

乙：你举个例子。

甲：比如说咱们俩一见面，（握手）"请问，您贵姓？"

乙："免费姓张。"

甲："可不可以请教您的大名？"

乙："您甭客气，我叫张小山。"

甲：你看，显得多有文化、多文雅、多有水平，让人听了高兴，肯定对你就有个好印象，对不对？

乙：对倒是对，可是我知道对这种客套还有一个词儿，叫“套磁”，对吗？

甲：呦！没想到你的汉语可真是“飞机上挂暖壶——高水平（瓶）”啊！

乙：哪里哪里，跟你一比我这也就是“提着鸟笼子进大会堂”——

甲：怎么讲？

乙：“小巫（屋）见大巫（屋）”。

甲：你说的俏皮话真可以说是“喜马拉雅山上划拳——出手就高”哇！

乙：早听说你会说俏皮话，已经是“隔着窗户吹喇叭——名（鸣）声在外”啦。

甲：看不出来你说俏皮话还真有两下子，我还以为你是“屎壳郎趴铁道”——

乙：怎么讲？

甲：“冒充大铆钉儿”呢。

乙：你这叫什么话呀？要这么说你就是“空棺材出殡”——

甲：怎么讲？

乙：你“目（木）中无人”哪。

甲：并不是我看不起你。你看，我刚才本来是表扬你“套磁”这个词儿用得好，说了句“飞机上挂暖壶——高水平（瓶）”，你立刻就洋洋得意地回了我一句“提着鸟笼子进大会堂”，什么“小巫（屋）见大巫（屋）”吧，那俏皮话合理吗？

乙：怎么不合理啦？

甲：大会堂是大屋不错，可那鸟笼子能叫小屋吗？你们家住鸟笼子里呀？

乙：俏皮话说的就是个俏皮劲儿，讲究的是谐音，你这根本就是“鸡蛋里挑骨头——没事儿找事儿”！

甲：嘿，又说上俏皮话了，说就说，谁怕谁呀？要想跟我比俏皮话，你是“王奶奶和玉奶奶”——

乙：怎么讲？

甲：你“还差着一点儿”。

乙：和我比俏皮话，你是“马奶奶和冯奶奶——你还差着两点儿”呢！

甲：那要是这么说的话，你就是“王奶奶和汪奶奶——你还差着三点儿”呢！

乙：要这么说，你就是“王奶奶和汪太太——你还差着五点儿”！

甲：会写汉字吗？“王”和“汪”，那还是三点儿，哪儿又出了个五点儿哪？

乙：“太太”那两点儿你算了吗？

甲：嘿！我看你这就是“半夜里抡大斧子——乱侃（砍）一通”。

乙：那你就是“半夜里聊天儿——瞎说”。

甲：停！停！停！咱们俩都是来学习中国文化的，不能净说这些贬人的话，对不对？

乙：太对了，咱们应该多学一些让大家听完了能高兴的俏皮话。

甲：对，咱们俩不能做那“八哥学舌——说人话不办人事”。

乙：对，也不能“拔了大蒜种辣椒——一茬儿更比一茬儿辣”。

甲：说得对，谁不知道今天的观众那就是“啤酒屋的客人”——

乙：怎么讲？

甲：“有口皆碑（杯）”呀！

乙：没错，我们能给今天的观众朋友们站在这儿说相声那也就是“星星跟着月亮走”——

甲：怎么讲？

乙："靠您增光"嘛。

甲：我们也不过就是"给您的胸口上插把钥匙"——

乙：怎么讲？

甲："开开您的心"呗。

乙：对啦！

甲：观众朋友们那可都是"含着露水的芙蓉"——

乙："里外都水灵"。

甲：虽然说得不好，但是我们俩往这儿一站，您也可以猜到一句俏皮话。

乙：哪句呀？

甲："模特儿抱狗"——

乙：怎么讲？

甲："人模狗样"啊！

乙：你太坏了！

生词 Vocabulary

1.	套磁	tào cí		to seek favor or strike up an acquaintance with someone
2.	笼子	lóngzi	n.	cage
3.	划拳	huá quán		a Chinese drinking game, originating in the Han dynasty, in which the players each hold out different numbers of fingers, while shouting the corresponding numbers
4.	喇叭	lǎba	n.	trumpet

5.	屎壳郎	shǐkeláng	n.	dung beetle
6.	冒充	màochōng	v.	to pretend, to pass someone/something off as someone/something else
7.	大铆钉儿	dà mǎodīngr		any kind of nail, here referring to an iron rail spike
8.	贬人	biǎn rén		to insult or say bad things about someone
9.	芙蓉	fúróng	n.	hibiscus, short for hibiscus flower, a flower with a beautiful appearance
10.	水灵	shuǐling	adj.	attractive, full of life and energy, moist and glossy; usually used to describe the beauty and vigor of young ladies (especially the sense invoked by the glimmer of one's eyes)

注释 Notes

1. 飞机上挂暖壶——高水平（瓶）

暖壶是中国人日常使用的暖水瓶。如果把它挂到飞机上，飞机一起飞，暖水瓶也自然跟着飞机上天了。这是前半句的字面意思。从语音的角度讲，“水瓶”和“水平”是同音，所以“高水瓶”也就是高水平、高水准的意思。这句话往往用来赞扬对方，是客套话。

2. 提着鸟笼子进大会堂——小巫（屋）见大巫（屋）

鸟笼子对于小鸟是个小屋子，大会堂是很大的屋子。提着小鸟的屋子进入大会堂，是一个小屋见到一个大屋，这是前半句的字面意思。从语音的角度讲，“小屋”和“小巫”、“大屋”和“大巫”

都是同音，“小巫见大巫”是个熟语，表示小巫师见了大巫师，觉得没有大巫师高明。比喻两者之间的能力差别很大。说话人这样说是为了表示谦虚。

3. 喜马拉雅山上划拳——出手就高

喜马拉雅山是世界上最高的山，划拳是指中国人在酒桌上进行的一种游戏。因为站的位置高，出手划拳时，手的位置也高。意思是基础水平很高。在这里是赞扬对方水平高。

4. 隔着窗户吹喇叭——名（鸣）声在外

字面意思是在窗外吹喇叭，喇叭发出的声音自然就在外面，并且很远的地方都能听到。“鸣”与“名”同音，名声在外的意思是名声很大。在这里是赞扬对方有名气。

5. 屎壳郎趴铁道——冒充大铆钉儿

屎壳郎是一种虫子。铆钉儿是一种头部为圆形的钉子，常用于固定铁轨。这句歇后语的字面意思是屎壳郎趴在铁道上冒充固定铁轨的大铁钉子，真实意思是讽刺对方妄自尊大。

6. 空棺材出殡——目（木）中无人

棺材是装尸体的木箱。出殡是指把棺材抬到埋葬的地方。空棺材出殡就是木棺材里面没有尸体，是空的。“木”与“目”同音，目中无人是指眼中看不见对方，喻指看不起别人。这里是抱怨对方自夸自大、看不起自己的意思。

7. 鸡蛋里挑骨头——没事儿找事儿

鸡蛋里是不会有骨头的，要在鸡蛋里挑出骨头来，意思是故意找对方的麻烦，故意找出所谓的错误。

8. 王奶奶和玉奶奶——还差着一点儿

“王”字和“玉”字差一个点儿，这句歇后语是指人的能力水平或物的质量尺寸等还差一点点的意思。下面的“马奶奶和冯奶奶”“王奶奶和汪奶奶”“王奶奶和汪太太”也都是这个意思。

9. 半夜里抡大斧子——乱侃（砍）一通

斧子，一种用来砍东西的工具。半夜里没有光，什么也看不见，在这种情况下挥动斧子砍下去，也不知道砍在什么地方，只能是乱砍。“砍”与“侃”同音，侃是方言，意思是天南海北地聊天儿。这句俏皮话是指对方说话没有道理或没有意义，乱说一通。

10. 半夜里聊天儿——瞎说

半夜里没有光，什么也看不见。在这样的环境下聊天儿，只能听见声音看不到人，感觉好像盲人在说话。瞎说，在这里不是闭着眼睛什么也看不见地说，而是指说出的话没有根据、乱说。

11. 八哥学舌——说人话不办人事

八哥，一种鸟，能模仿人说话。这句歇后语比喻人话虽说得好听，事却做得不好。

12. 拔了大蒜种辣椒——一茬儿更比一茬儿辣

辣椒比大蒜要辣很多，把大蒜拔出来，再种辣椒，种的蔬菜越来越辣。这句歇后语比喻下一件事或下一句话比上一件事或上一句话更加严重、更加厉害。

13. 啤酒屋的客人——有口皆碑（杯）

“皆杯”和“皆碑”是同音，碑是指记载功绩的石碑，口碑是指口头上称颂。在啤酒屋里必然人人都有一个酒杯，比喻人人都称赞表扬。

14. 星星跟着月亮走——靠您增光

月亮周围的星星看起来很亮，感觉好像是月亮的光照亮了旁边的星星。说话人把自己比喻成小星星，把对方比喻成明亮的月亮，意思是自己要靠对方的帮助才能更好。是一种谦虚的说法。

15. 给您的胸口上插把钥匙——开开您的心

心情不好时，好像心里上了一把锁。在胸口上插把钥匙，打开心锁，比喻让对方开心、舒心。

文化讲堂 Cultural Classroom

俏皮话 Two-part idioms

俏皮话是一种特殊的修辞方式，分为很多类型：

谐音类：这类歇后语，是利用同音字或近音字相谐，由原来的意义引申出所需要的另一个意义，在俏皮话里是最多的。如“小葱拌豆腐——一清（青）二白”。

喻事类：用实在的或想象的事情作比喻。如“一个人打官司——全是理”。打官司本应是两个人或多个人的事情，有原告和被告。一个人打官司，既是原告又是被告，只说一方面的道理，赢的只能是自己。

喻物类：以事物的特点、情况来作比喻。如“一只皮鞋一只拖鞋——成不了双”。指不可以、不合适、不适宜。

故事类：用故事或事件作比喻。如“孙悟空七十二变——神通广大”。孙悟空是中国古典名著《西游记》中的主要人物，本领高强，会七十二种变化。比喻人很有能力和本事。

Two-part idioms are a distinctive rhetoric device, and can be categorized into many different types:

Pun type: This kind of two-part idiom plays on words that have the same or similar pronunciations, using one meaning to indirectly imply a second one. This is the most common type of Chinese two-part idiom. Example: "Tofu with chopped onions: white on white", denoting complete innocence.

Abstract metaphor: It uses a situation or matter, either real or imaginary, to create a metaphor. Example: "A single-person court battle: completely one-sided". In most cases a court battle will consist of two or more parties, namely the plaintiff and the defendant. If a single person were to appear in court, as both plaintiff and defendant, but only making explanations from one perspective, the person is certain to win the case.

Concrete metaphor: It creates a metaphor based on the characteristics or appearance of an object. Example: "One leather shoe and one slipper: not a good match", denoting that two things are not suitably paired together.

Story type: It uses a story or event to create a metaphor. Example: "The 72 forms of the Monkey King: infinitely resourceful". The Monkey King is one of the main characters in the Chinese classic *Journey to the West*; he is greatly skilled, and can change into a total of 72 different forms. This expression refers to someone who is highly skilled or resourceful.

说一说 Let's Try It

反正话

（对口相声）

甲：今天咱俩给大家说段相声。

乙：说相声对我们学汉语很有好处。

甲：没错，因为汉语的知识非常丰富。你就拿汉语的语词来说吧，就非常严谨，也很有趣味。

乙：怎么有趣？

甲：两个字、三个字组成一个词，每个字谁在前谁在后不能颠倒，一颠倒就成笑话了。

乙：你举个例子。

甲：你比如说“同学”，不能说“学同”，“老师”不能说“师老”，是吧？

乙：那倒是，不过也有可以颠倒的吧？

甲：要是有的话，也是少数。不信咱俩说一回反正话，看看哪个能颠倒着说。

乙：好，咱们试试。

甲：我说正的，你说反的。比如我说，我的“课桌”。

乙：我说什么？

甲：你就说我的“桌课”。

乙：很有意思，咱们来吧。

甲：我的“课桌”。

乙：我的“桌课”。

甲：我的“椅子”。

乙：我的“子椅”。这还真有点儿意思。

甲：再来，咱不说别人，就说说自己的身体部位。我“脑袋”。

乙：我“袋脑”……我呆头呆脑哇？

甲：我“头发”。

乙：我“发头”。这谁能懂啊？

甲：我“眼眉”。

乙：我“眉眼”。我是盲人哪？

甲：我“鼻子”。

乙：我“子鼻”。我鼻子都染色了？！

甲：我“鼻梁子”。

乙：我“梁鼻子”。我量鼻子干什么呀？

甲：我的“嘴”。

乙：我的……我的……“嘴”。

甲：翻哪！

乙：这我怎么翻哪？你最少得两个字！

甲：字多呢？

乙：字多可以。

甲：听这个，我说“嘴里有牙”。

乙：我说“牙里有嘴”。我成怪物了！

补充注释 Additional Notes

1. 脑袋—袋脑—呆头呆脑

“袋”跟“呆”谐音，“袋脑”可以谐音成“呆脑”，就是呆头呆脑的意思。

2. 眼眉—眉眼—盲人

“眉”跟“没”谐音，“眉眼”可以谐音成“没眼”，没有眼睛，看不见，所以说是盲人。

3. 鼻子—子鼻—染色

“子”跟“紫”谐音，“子鼻”可以谐音成“紫鼻”，就是紫色的鼻子，把鼻子染成紫色的意思。

4. 鼻梁子—梁鼻子—量鼻子

“梁”跟“量”谐音，“梁鼻子”可以谐音成“量鼻子”。量，计算长度的意思。量鼻子，量一量鼻子的长度。

8 趣解"八"和"发"

背景介绍 Background

下面是一段利用汉语中的谐音现象编写而成的相声小段。由已故曲艺作家许多先生与丁广泉专为学汉语的留学生创作。它趣味性强，又具有较强的逻辑性。这段相声中，汉字"八"和"发"有着很多不同又巧妙的谐音变化，这些变化可以与不同的词搭配，从而产生不同的新意思，让人听后感到非常有趣，也能增进留学生对汉语谐音现象的了解。

In this lesson we cover a short *xiangsheng* piece based on the phenomenon of homophones in the Chinese language. The piece was written by Ding Guangquan and the late writer Mr. Xu Duo, specifically for international students learning Chinese. The piece is highly logical and interesting for students. Two of the main examples covered, the characters "八 (bā)" and "发 (fā)", undergo many ingenious homophone changes in Chinese, and a wide range of new meanings result depending on how they are combined with other words. These changes are often very amusing for the listeners, and this phenomenon also aids in deepening international students' understanding of Chinese homophones.

相声文本 Script

趣解"八"和"发"

（对口相声）

甲：相声是一种汉语言的艺术。

乙：对，汉语非常有意思。

甲：哦？你也有这种感觉？

乙：当然啦，学汉语的外国人一般都会有这种感觉，而且觉得越学越有意思。

甲：你能不能举个例子说一说？

乙：当然可以呀。比如最简单的数目字在汉语里就能产生很多有意思的解释。

甲：你能不能具体说说？

乙：可以呀，就拿八，就是一二三四五六七八的八来说吧，中国人都喜欢这个数字，无论是装电话、买手机、买汽车都抢这个号码，知道为什么吗？

甲：不知道！

乙：因为"八"在汉语里和"发"谐音，所以这个"八"不管跟哪个数字配上都是好事儿。

甲：是吗？

乙：那是当然！

甲：比如"一八"？

乙："一"在汉语里也念"幺（yāo）"，"一八"就是"幺八"，"幺"又和"要"谐音，"幺八"也就变成了"要发"。

甲："要发"？我要发达了！好词儿！那"二八"呢？

乙："二"和"儿"谐音哪，"儿发"，儿子发了，老子还差得了吗？

甲：差不了！那"三八"呢？

乙："三"的谐音是"山"，像山一样向上，向天空进发，就是"升发"。

甲：“四八”？

乙：就是“死发”！

甲：等死了再发？

乙：什么呀！“死”在口语里有“极、到头了”的意思。所以“死发”就是往死了发、发到极点、发到无限大的意思。

甲：“五八”？

乙：“五”跟汉字里的“我”谐音哪，“五八”就是“我发”呀！

甲：“六八”？

乙：“六”和“溜”谐音。“溜”，有“顺溜”的意思。“六八”，就是顺着发！

甲：“七八”？

乙：“七”跟“妻”谐音哪。“七八”，就是妻子发、老婆发，这不就等于自己发吗？常言说得好：“两口子不分家，她发你也发”嘛！

甲：“八八”？

乙：“发发”，这是连续发呀！

甲：“九八”？

乙：“九”跟“就”谐音。“就”有“马上”的意思。所以“九八”跟“就发”谐音，马上就发的意思。

甲：你说“八”的谐音是“发”，你也希望发，他也希望发，并没有说发什么呀？

乙：当然是指发财、发福、发迹了。反正带“发”字的都是好词儿。

甲：那可不一定，带“发”字的事物太多了，你指不定碰上什么。

乙：我碰上什么发什么。

甲：那就不一定吉利了！你可能就高兴不起来了。

乙：怎么呢？

甲：比如说你真的发了。

乙：那好哇！

甲：可你发的不是财！

乙：那我发什么了？

甲：你发烧了，烧得你胡说八道的，最后终于发昏了。

乙：发烧烧成这样，我是得发昏了。

甲：可不是，你发烧是因为发愁哇！

乙：我发什么愁哇？

甲：发愁自己老发不了财呀。小钱不去挣，大钱又赚不着。越愁越想不开，越想不开越发愁！开始发闷，自己跟自己一阵一阵地发急，发躁，坐在那儿两眼发直，呆呆地发愣！女朋友劝你，你就冲她发脾气，发怒，发火儿，发横……

乙：我要发疯啦！

甲：反正你是老想发作，一阵阵发狂，头发晕，脑发胀，眼看着你就要发病了。

乙：我发什么病了？

甲：太着急了导致你发了高烧，嗓子发炎，一个劲儿发喘，你女朋友扶你赶紧躺下，给你盖上了两床厚被。

乙：干吗？

甲：让你发发汗哪！

乙：对，出点儿汗就好了！

甲：好什么呀？过一会儿，这汗就发出来了。当时就觉得被窝里阵阵发酸，发臭，你女朋友走过来一看，坏了！

乙：怎么了？

甲：你发酵了！

乙：瞧，我还起化学反应了！

甲：你不是喜欢“发”吗？我这可都是带“发”字的，句句都没离开“发”。

乙：“发”字里有很多好词儿，有好的意思的你为什么不用，专选那些不好的意思的？

甲：你说有什么好词儿、好的意思的？

乙：比如，我在发奋，发誓，发扬我的长处，发挥我的潜力。我搞发明创造，让我事业上顺利发展。我不断发现新的机会，使我发家，发迹，发福，发财。我满意地发笑。我当个董事长在大家面前发表演讲。我还可以向记者们发布我的最新成果，发表我的专利声明……

甲：有过这事儿吗？

乙：我可以努力争取嘛！

甲：反正跟“发”字有关的，使你露脸的那面，我还没看着，我看着的都是你的另一面。

乙：你都看着什么了？

甲：就前几天我去你宿舍吧……

乙：怎么了？

甲：当时你的门没关，我发现你头没梳，脸没洗，鼻子发酸，眼睛发潮，眼圈儿发红，脸色发青，嘴唇发白，嗓子发干，两眼发黑，浑身发麻，脑袋发木，心里发毛，两腿发抖，双肩发沉，鼻子发凉，一会儿发冷，一会儿发热，一会儿发笑，一会儿发怒，两只手哆哆嗦嗦，一个劲儿发颤哪！

乙：我怎么啦？

甲：你以前做的那些坏事儿都被你女朋友发现了，急得你在那儿发疯呢。

乙：哪儿有这事儿呀？！

生词 Vocabulary

1.	发福	fā fú		in ancient times originally this term meant "to be fortunate", but it is now mainly used as a euphemism meaning "to become fat"
2.	发迹	fā jì		to be successful in one's career, to accumulate wealth and power
3.	发昏	fā hūn		to be unstable in thought or mental state
4.	发闷	fā mèn		to be irritable or in a poor mood
5.	发急	fā jí		to be anxious or impatient
6.	发躁	fā zào		to vent one's anxiety
7.	发直	fā zhí		to stare blankly
8.	发愣	fā lèng		to be absent-minded, to have no reaction to something
9.	冲	chòng		towards, facing
10.	发脾气	fā píqi		to lose one's temper
11.	发怒	fā nù		to fly into a rage
12.	发火	fā huǒ		to be angry
13.	发横	fā hèng		to blame someone angrily for something
14.	发作	fāzuò	v.	to have a fit

15.	发疯	fā fēng		to go crazy or act like a crazy person
16.	发狂	fā kuáng		to go crazy
17.	发晕	fā yūn		to be muddle-headed or dizzy
18.	发胀	fā zhàng		to swell, to feel heavy (in the head)
19.	发病	fā bìng		to fall ill
20.	发炎	fāyán	v.	to become inflamed or infected
21.	发喘	fā chuǎn		to pant or be short of breath
22.	发汗	fā hàn		to sweat
23.	发酸	fāsuān		to give off a sour odor; to feel a tingle (in one's nose, eyes, etc.)
24.	发臭	fā chòu		to give off an unpleasant odor
25.	发酵	fā jiào		to ferment
26.	发奋	fāfèn	v.	to work hard at something, to be diligent
27.	发誓	fā shì		to swear or vow to do something
28.	发扬	fāyáng	v.	to promote or carry forward something
29.	潜力	qiánlì	n.	potential ability or power
30.	机会	jīhuì	n.	chance, opportunity
31.	发家	fā jiā		to develop one's career so that one's family becomes wealthy
32.	发笑	fāxiào	v.	to laugh

33.	专利	zhuānlì	n.	patent
34.	声明	shēngmíng	n.	declaration
35.	露脸	lòu liǎn		to look good due to certain accomplishments or honors
36.	发潮	fā cháo		to become damp
37.	发红	fā hóng		to appear red in color
38.	发青	fā qīng		to appear black in color
39.	发白	fā bái		to appear white in color
40.	两眼发黑	liǎng yǎn fā hēi		to lose visual perception so that one's visual field appears completely black
41.	发麻	fā má		to be numb
42.	发木	fā mù		to be numb or slow to react
43.	发毛	fā máo		to be afraid or frightened
44.	哆哆嗦嗦	duōduōsuōsuō		to shake or tremble
45.	发颤	fā chàn		to tremble

注释 Notes

"发"字在汉语中，特别是口语中使用的地方很多。概括起来可以分为如下几类：

（1）交付，送出。如：分～、～放、～行。

（2）表达，阐述。如：～表、阐～。

（3）开展，张大，扩大。如：～展、～扬。

(4) 因得到大量财物而兴旺。如:～财、～家、～了。

(5) 打开,揭露。如:～现、～掘。

(6) 显现,显出。如:～黄、～臭。

(7) 开始某种动作。如:～动、～起。

(8) 引起,开启。如:启～、～人深省。

(9) 流露(感情)。如:～怒、～笑。

(10) 感到(多指不愉快的情况)。如:～麻、～痒。

(11) 放,射。如:～射、百～百中、焕～。

文化讲堂 Cultural Classroom

谐音 Homophones

汉语中有的字词声韵相同或相近,用音同或者音近的某个字代替本字,就是谐音,这种用法会产生与原词不同的意义。谐音容易引起听说双方的误会,从而达到特殊的表达效果,在相声作品中经常使用。谐音一般可以分为如下情况:

(1) 表达对事物吉祥如意的祝愿。比如:在一幅画中同时画上梅花和喜鹊,寓意"喜上眉梢"。喜鹊是中国人很喜欢的一种鸟,据说可以给人带来好运气。梅花的"梅"跟眉毛的"眉"谐音。喜上眉梢,比喻一个人遇到了好事情,心情好,脸上的表情,特别是眉毛眼睛,都是高兴开心的样子。

(2) 表达对事物的禁忌、避讳。比如:给老人过生日送礼物时,不能送钟表一类的东西。因为"送钟"跟"送终"谐音。"送终"是给死人送行,举行葬礼的意思。结婚时不能送雨伞。因为"伞"跟"散"谐音。"散"有分散、拆散、散伙、解散的意思，不吉利。

（3）数字谐音。有的数字被赋予了吉利的意思。比如：8有“发”的意思，主要指发财、发达、发展、发奋等；6有“顺”的意思，主要指顺利、顺畅、顺风等；9有“久”的意思，主要指长久。这些现象我们在汽车号牌、电话号码或结婚新人挑选婚礼的日子时都会碰到。

有的数字含有不吉利的意思。比如：4有“死”的意思。中国人不喜欢用含有4这个数字的东西，比如电话号码、汽车号牌、房间号、婚礼日期、典礼日期，等等。

有些数字通过临时组合，产生出新的谐音文化。比如：1314谐音成“一生一世”，520谐音成“我爱你”，741谐音成“气死你”，514谐音成“我要死”，等等。这在年轻人中使用较多。

In Chinese there are many homophones consisting of characters or words that are the same or similar in pronunciation. A homophone is often used in place of the similar sounding word, thereby carrying a secondary meaning. Homophones are also likely to lead to misunderstandings between the speaker and the listener, thus they have a unique expressive effect, and for this reason are often used in *xiangsheng*. Chinese homophones can usually be divided into the following categories:

(1) Expression of good luck or auspiciousness

For example, a picture containing a magpie standing on a plum blossom branch implies “喜上眉梢 (happiness appears on the eyebrows)”. A magpie is a bird much loved by Chinese people. It is said that it will bring good luck to people. “Plum (梅)” sounds similar to “eyebrow (眉)”. “喜上眉梢” indicates a person encounters something good and feels happy about it, thus showing happiness on the eyebrows and in the eyes.

(2) Avoidance of certain words due to cultural taboo

When giving elderly persons birthday presents, it is taboo to give things such as clocks and watches, because “送钟” (to give a clock) sounds just like “送终” (to see one off to the afterlife, or to hold a funeral for someone). When someone is married, it is taboo to give umbrellas, because "伞" (umbrella) sounds similar to "散" (to disperse, to separate, to split apart), thus this choice of gift is considered unlucky.

(3) Numbers

Some numbers carry auspicious connotations in Chinese. For example, the number 8 sounds similar to "发", referring to words meaning "to become wealthy", "to become successful", "to develop", "to work hard", etc. The number 6 refers to things going smoothly, without a hitch, and everything being in one's favor. The number 9 is a full homophone of "久", meaning "eternal". These numbers are often chosen in China for things such as license plates, phone numbers and wedding dates.

Some numbers have unlucky connotations. For example, the number 4 sounds similar to "死" (to die) in Chinese, thus it is often avoided for phone numbers, license plates, room numbers, and dates for weddings, ceremonies and other events.

Finally, certain combinations of numbers are homophones of certain phrases in Chinese. For example, 1314 sounds like "一生一世" (for all one's life), 520 like "我爱你" (I love you), 741 like "气死你" (I hope you're angry) and 514 like "我要死" (I'm going to die). Homophones of this kind are most frequently used by young people.

说一说 Let's Try It

一个一

（绕口令）

闲来没事出城西，树木琅琳数不齐。一个一，一二一，一二三四五六七，七六五四三二一，六五四三二一，五四三二一，四三二一，三二一，二一一，一个一。一棵树长着七个枝，七个枝结着七样果，结的是槟子、橙子、橘子、柿子、李子、栗子、梨！

端午节

（贯口）

端午节（农历五月初五）家中备用的食物和用物。要买：

半斤红樱桃，半斤白樱桃，半斤黑白桑葚（sāngshèn），五十叭哒杏（bādāxìng）。二十黄白粽子，二十芙蓉粽子，一篓（lǒu）子香菜，一篓子花椒，十朵玫瑰花。两把菖蒲（chāngpú）、两把艾子，一两朱砂，一两雄黄，三丈神符，

两张文武判儿，十块五福饽饽（bōbo），三挂葫芦，还有五斤白面，一斤烧酒，一罐米醋，五斤黄花鱼。

9 抬杠

背景介绍 Background

“抬杠”一词本义为用木头或竹杆子搬运重物。引申的意义是，为了表示对对方的不满而进行争辩。下文是一段比较典型的传统相声，根据相声大师侯宝林先生的演出脚本加工整理而成。

The original meaning of the term “抬杠” means to carry something on a wooden or bamboo pole. The extrapolated meaning refers to someone relentlessly disputing someone else’s words or actions. The following is a rather traditional *xiangsheng* piece, which is based on and adapted from the performance script used by the *xiangsheng* master Mr. Hou Baolin.

相声文本 Script

抬杠

（对口相声）

甲：你在这干吗呢？

乙：给大家说相声啊。

甲：我干什么？

乙：跟我一起说相声啊。

甲：我不会呀。

乙：那你就站那儿听我说相声。

甲：怎么听啊？

乙：听还不会呀？拿耳朵听啊。

甲：（两只手捏着耳朵）……你说吧，我好好听听。

乙：你这是拿着耳朵听啊？！

甲：这不是你说的吗？拿耳朵听啊。

乙：你把手放下来，老老实实地站那儿听我说就行了。

甲：我干吧要听你说呢？

乙：听我说对你有好处。

甲：有好处？能让我免三灾，去八难？还是能让我身强体壮精神好，越长越帅，想长多高长多高，不用吃饭就能饱？

乙：他拿我当汉堡包啦？

甲：上课不用听，考试不用考，论文不用写，听完相声博士文凭我就能拿到？

乙：想什么呢？！

甲：你不是说对我有好处吗？

乙：没有那么大好处，要是有那么大好处我就听去了。

甲：那到底有什么好处？

乙：比如说你不高兴。

甲：我为什么不高兴？

乙：就是你心里不痛快。

甲：我干吗不痛快？

乙：就是你心里有点儿堵得慌。

甲：什么事儿让我堵得慌？

乙：就是你心里别扭！

甲：我跟谁别扭呀？

乙：你跟我别扭！这位，简直没法跟他说话。

甲：你让大家听听，是谁没法跟谁说话，这么半天了让我听他说相声，还说对我有好处，到底有什么好处直到现在也没说明白呀。

乙：你明白不了。

甲：为什么？

乙：你那话比我多，不听我给你解释呀。

甲：你什么意思？

乙：你不能说话，得听我说。

甲：你是我的律师吗？你替我说？

乙：不是，我说完了你再说。

甲：哦，你是原告，我是被告。

乙：咱们这打官司来啦？

甲：这不是你说的吗？

乙：你不是想知道听相声有什么好处吗？我先给你举个例子，等我一说完你就明白了，知道了吗？

甲：知道了，你说吧。

乙：比如说，你从你老师家偷了一千块钱。

甲：等会儿，我偷了谁的一千块钱？

乙：偷了你老师的一千块钱。

甲：谁告诉你的？

乙：没人告诉我。

甲：你看见啦？

乙：没有哇。

甲：你这不是血口喷人吗？啊？！你这不是诬陷吗？啊？！我偷完钱交给你啦？你这不是挑拨我们师生关系吗？今天要是不说清楚我到法院告你去！

乙：你急什么哪？没有这件事儿。

甲：你这是造谣惑众，没有的事儿你干吗说呀？

乙：我这不是给你举例子嘛！

甲：你怎么不拿你自己举例子呀？

乙：咳！你不是不明白吗？

甲：我明白就成小偷了。

乙：我问你，是不是真想知道听相声的好处？

甲：当然了，要不我能这么认真吗？

乙：那好，从现在起你先当一会儿哑巴，别老打岔，等我说完了，你就全明白了。行不行？

甲：好，从现在开始全听你的。

乙：比如说你偷了你老师的一千块钱，被老师发现了，吓得你不敢回学校了，心慌意乱，也不知如何是好，溜溜达达就到我这儿来了。

甲：你就跟我老师说是你让我偷的。

乙：我是教唆犯哪？

甲：承认了。

乙：没有！这儿没我什么事儿。

甲：那我找你干什么？

乙：听相声啊，听我一说，你哈哈一乐，心情也舒畅了，情绪也稳定了，就把这事儿忘了。

甲：真是听君一席话，胜读十年书哇，你这么一说我是茅房顿开。

乙：等会儿吧，那叫茅塞顿开，还茅房顿开呢，你想上厕所呀是怎么着？

甲：对！对！对！是茅塞顿开，全明白了。我并没偷我老师一千块钱，假装我偷了，被我老师发现了，我不敢回家了，心慌意乱，不知如何是好，溜溜达达就到你这儿来了，听你一说相声，我哈哈一乐，心情也好了，这件事儿也过去了。

乙：对了，明白了吧？

甲：我在你这儿听相声的时候这件事儿是过去了，可是我一出门哪，老师在门口等着我呢！

乙：我管不了了！

生 词 Vocabulary

1.	文凭	wénpíng	n.	diploma, degree, academic credentials
2.	痛快	tòngkuai	adj.	delighted, full of joy
3.	堵得慌	dǔdehuāng		to feel unhappy, to feel that things are not going one's way
4.	别扭	bièniu	adj.	awkward, uncomfortable
5.	打官司	dǎ guānsi		to sue, to file a lawsuit
6.	血口喷人	xuèkǒu-pēnrén		to spit blood at someone: to slander venomously
7.	诬陷	wūxiàn	v.	to frame someone for something
8.	挑拨	tiǎobō	v.	to incite discord by speaking bad about someone behind their back
9.	造谣惑众	zàoyáo-huòzhòng		to fabricate rumors to mislead people
10.	哑巴	yǎba	n.	mute (person)
11.	心慌意乱	xīnhuāng-yìluàn		to be confused and flustered

12.	溜溜达达	liūliūdādā		to take a walk
13.	教唆犯	jiàosuōfàn	n.	instigator, abettor
14.	茅房	máofáng	n.	washroom, outhouse
15.	茅塞顿开	máosè-dùnkāi		to reach sudden enlightenment

注释 Notes

1. 免三灾，去八难

意指免掉各种灾难。“三灾”“八难”均为佛教用语，泛指各种灾难。

2. 听君一席话，胜读十年书

听了你的一番话，比读了十年书还有用。

文化讲堂 Cultural Classroom

抬杠 *Taigang* (bickering)

中国北方很早就有一种习俗——抬杠会。每年农历正月十五日元宵节这一天，由身强力壮的人抬着竹杠，上面有轿子，一个伶牙俐齿的小丑坐在里面。他们抬着竹杠和轿子从人群里穿过，围观的人和那个小丑随机地比赛斗嘴，甚至用自认为巧妙的话来对骂，以博得众人一笑。后来“抬杠”一词的意思逐渐演变成无谓的争辩。

There is an ancient custom in northern China called the Bamboo Pole Festival. Every year on the 15th day of the first lunar month (Yuanxiao Festival), several able-bodied people will lift a sedan on bamboo poles, and riding in the sedan is a clown with a particularly glib tongue. As the sedan passes through the crowd on its poles, the members of the crowd will have impromptu squabbles with the clown, or even use clever words to slander him, resulting in humorous effect for the audience to enjoy. Later the phrase "抬杠" (literally, "to carry something on a bamboo pole") gradually took on the extended meaning of "bickering or pointless dispute or argument".

说一说 Let's Try It

九月九

（绕口令）

九月九,九个酒迷喝醉酒。九个酒杯九杯酒，九个酒迷喝九口。喝罢（bà）九口酒，又倒九杯酒。九个酒迷端起酒，"咕咚（gū-dōng）、咕咚"又九口。九杯酒，酒九口，喝罢九个酒迷醉了酒。

三月三

（绕口令）

三月三，小珊去登山。上山又下山，下山又上山。登了三次山，跑了三里三。出了一身汗，湿了三件衫。小珊山上大声喊："离天只有三尺三！"

一葫芦酒

（绕口令）

一葫芦（húlu）酒九两六，一葫芦油六两九。六两九的油，要换九两六的酒。九两六的酒，不换六两九的油。

10 说东道西

背景介绍 Background

说东道西，形容没有中心地随意说。汉语口语中“东西”这个词应用得相当普遍，而且有不同的意义。当指示方位时，“东西”是指地理方位，例如“往东走”“往西走”“东西文化差异很大”。但在泛指各种具体或抽象的事物时，“东西”则又完全失去了方位的含义，如：“快吃点儿东西吧！”这里指的是食物。又如：“这小东西真可爱！”这里便是指人或动物或某个物件了。再如“不是东西”也是汉语口语中的常用语，而且是贬意，是说对方品质恶劣，类似于“很坏”的意思。在指某一具体人时，一定要慎用“他不是个东西”“你不是好东西”之类的说法。

下面这段相声，是丁广泉根据“东西”一词在使用中的偏误，特意为“‘汉语桥’外国留学生大奖赛”的开幕式撰写并表演的，有助于留学生更好地掌握“东西”一词的用法。

The Chinese phrase “说东道西” (talking about east and west) originally refers to casually talking about things with no clear direction or purpose. The word “东西” is used very commonly in modern colloquial Chinese, but it has several different meanings. The first one indicates direction, wherein the characters for “east” and “west” respectively refer to their original meanings. For example, “to go east”, “to go west”, “great cultural differences between the East and the West”. When referring to a concrete or abstract thing or matter, the word “东西” loses all connection to the meaning of direction. For example, in the sentence “You should eat something”, “东西” is used to refer to “some food”. And in “This little thing is so cute!”, “thing”, possibly a person or animal depending on context, would also be “东西”. Another usage common in colloquial Chinese is saying that someone is “not a thing” (不是东西), i.e. an inanimate object, which, it must be clearly noted, is a slanderous term, intended to anger someone else. It means that someone lacks morals or ethics, namely that they are a "bad person". When learning Chinese, phrases referring to a particular person, such as "他不是个东西" (He's not a thing) and "你不是好东西" (You're not a good thing), must be used with extreme caution.

This piece was originally written by Ding Guangquan to be performed as part of the Chinese Bridge Competition for International Students. Seeking to teach Chinese language learners to better understand the usage of the word "东西", the script is based on humorous effects resulting from misunderstandings related to the term "东西".

相声文本 Script

说东道西

（对口相声）

乙：朋友们，大家好！

甲：大家好！

乙：听说您的汉语现在学得可厉害了？

甲：哪里哪里，谁不知道您的汉语学得比我好哇！

乙：我不是比您学得时间长一些嘛。

甲：您那是谦虚了。根据您的经验能不能告诉我，这汉语应该怎么学最省事儿？

乙：这咱们倒是可以交流一下儿学习心得。我认为学汉语不能死背单词，必须得理解它们的意思和用法，特别是要知道一个词甚至一个句子的含义和出处，这样就能达到事半功倍的效果。

甲：有道理，就是说必须要先弄懂，才能学会。太好了，现在我能向您请教一个词儿吗？

乙：当然可以，只要是我知道的，我一定毫无保留地告诉您。

甲：那您说汉语中“东西”是什么出处和意思呀？

乙：这很简单，“东西”指的是方位。您不认识路，拿出地图来一看：上北下南左西右东。所以“东西”指的就是方位，明白了吧。

甲：太了不起了，要不然古人云“近朱者赤，近墨者黑，挨着高人能长个儿”呢！

乙：这是哪位古人说的？！那叫“挨着能人长本事”。

甲：“东西”指的就是方位。我问问您，这（指话筒）是什么东西？可以这么说吧？

乙：可以呀，我告诉您，这个东西是话筒啊。

甲：这（指乙的衣服）是什么东西？

乙：这个东西是衣服。

甲：这（指乙的领带）是什么东西？

乙：这个东西是领带。

甲：这（指乙的脑袋）是什么东西？

乙：去！这不是东西！

甲：这么说您不是东西？

乙：我这脑袋当然不是东西啦！

甲：您这脑袋为什么就不是东西呢？

乙：这么跟您说吧，因为我是人不是物，因为人是有生命的，是活的，是父母生养的血肉之躯，所以就不能称为“东西”。而物就不一样了，它是死的，是没有生命的，就可以称为“东西”了。明白了吗？

甲：刚才我就说您才华出众，比我强吧，您还客气！您这么一解释，我一下子就豁然开朗，全明白了。死的物件、没有生命的物体可以称为“东西”，这里所说的“东西”并不代表方位，而是指物品。“东西”也作物品讲，不能把“东西”用在称呼人身上，因为人是一个活的生命体，而不是死的物件。事实就摆在我们的面前，眼前的话筒、身上穿的衣服、领带都是“东西”；而这位（指乙本人）不是个“东西”，他为什么不是“东西”呢？因为他是有生命的，而且是他的爸爸妈妈生育、抚养长大的，所以从根本上说他之所以不是东西就是因为他的爸爸妈妈也是有生命的，可以肯定地来说，他的爸爸妈妈也就不是……

乙：（大声）走！您要再往下说我揍您！

甲：您急什么嘛。我在向您汇报什么是东西，什么不是东西呢嘛。

乙：我看您就不是东西。您是参加相声比赛来了还是抬杠来了？

甲：这怎么叫抬杠啊？孔子曰：“知之为知之，不知为不知，是知也。”“敏而好学，不耻下问。”“三人行，必有我师焉。”这不是向您请教吗？您刚才说的，汉语不能死背，应该弄懂它的出处和含义，这不是您说的吗？

乙：是呀。

甲：这么半天了，连“东西”俩字都说不清，那您算什么东西呀？

乙：您别在这儿捣乱了行不行？我还得在这儿说相声呢。

甲：您要干什么？

乙：说相声。

甲：那我呢？

乙：咱们俩一块儿说呀。

甲：我不能和您说。

乙：为什么？

甲：您不是东西呀。

乙：又来啦？！

生 词 Vocabulary

1.	事半功倍	shìbàn-gōngbèi	(four-character idiom) to use half the effort to produce an effect which is twice as great, to accomplish something efficiently with very little effort
2.	豁然开朗	huòrán-kāilǎng	(four-character idiom) to come to a sudden understanding or epiphany

注 释 Notes

1. 近朱者赤，近墨者黑

靠着朱砂的变红，靠着墨的变黑。比喻接近好人可以使人变好，接近坏人可以使人变坏。指客观环境对人有很大影响。

2. 知之为知之，不知为不知，是知也

出自《论语》，意思是说：知道就是知道，不知道就是不知道，这样才是真正的智慧。

3. 敏而好学，不耻下问

出自《论语》，意思是说：即使天生聪明，爱学习，也需要虚心向别人请教。即使是向身份低微的人请教也不算是丢人的行为。

4. 三人行，必有我师焉

出自《论语》，意思是说：在几个人当中，必定有可以当我老师的人。泛指要虚心向他人学习。

文化讲堂 Cultural Classroom

贯口 *Guankou* (fluid monolog)

贯口是对口相声中常见的表现形式。“贯口”的“贯”字，是一气呵成、贯通到底的意思。“贯口”就是不停顿地说下来的话，它最能体现相声语言的表现力。

Guankou, or “fluid monolog”, is a common form appearing in two-person *xiangsheng*. *Guan* refers to the fact that the words are delivered smoothly and in one breath, without stopping. *Guankou* is great for reflecting one’s language expressiveness.

说一说 Let's Try It

十八般武艺

（小贯口）

刀、枪、剑、戟（jǐ）、斧（fǔ）、钺（yuè）、钩、叉、镋（tǎng）、棍、槊（shuò）、棒、鞭（biān）、锏（jiǎn）、锤（chuí）、抓、拐（guǎi）子、流星（锤）

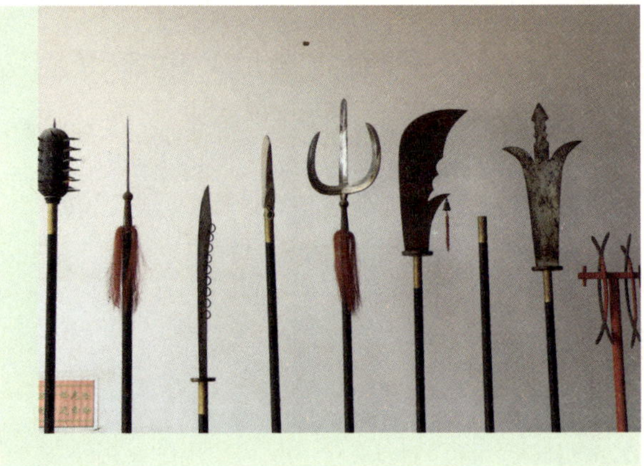

美味佳肴

（小贯口）

山中走兽云中燕，陆地牛羊海底鲜，猴头燕窝（wō）鲨（shā）鱼翅（chì），熊掌干贝鹿尾尖，外加二两烧黄酒。

11 猜灯谜

背景介绍 Background

“猜灯谜”又叫“打灯谜”“射谜”“猜谜”，起源于中国古代元宵节，是一种富有民间特色的文化形式。每逢农历正月十五的元宵节，各家各户都要挂起彩灯，燃放烟花。后来有人把谜语写在纸条上，贴在五颜六色的彩灯上面让人们猜。因为谜语既能开发智力又能增添节日气氛，所以响应的人很多，慢慢地猜灯谜逐渐成为元宵节不可缺少的一个内容。猜灯谜类似智力比赛，在猜谜底时会出现很多意想不到的结果，让人感觉既在情理之中，又在意料之外，有时也会出现很多笑话，因此常常用来做为相声的素材。相声《猜灯谜》的版本很多，下面的相声小段是丁广泉专门为学汉语的留学生们改编创作的。

The custom of posing and guessing “lantern riddles” originated from an ancient Chinese tradition of the Yuanxiao Festival (Lantern Festival, the 15th day of the Chinese New Year), and is a unique form of folk culture. In ancient times, on the day of the festival each year, families would hang colorful lanterns and set off fireworks. Eventually people started writing riddles on the lanterns for others to guess. As the riddles were conducive to learning while also adding to the festive atmosphere, they proved very popular, and guessing riddles gradually became an essential element of the Yuanxiao Festival. Guessing lantern riddles is a sort of test of wits, and when the answer is revealed, it will often involve results that make sense but the guesser did not think of, or sometimes the answer will lead to humorous effect, thus these riddles also appear frequently in *xiangsheng*. There are many versions of the *xiangsheng* piece *Lantern Riddles*, the following version being one that Ding Guangquan created specifically for international students learning the Chinese language.

相声文本 Script

猜灯谜

（对口相声）

甲：我最喜欢听您说相声。

乙：是吗？

甲：因为您吐字清楚，声音洪亮，表情优美，外观大方，馈赠亲友，最为恰当。

乙：拿我当礼品啦？！

甲：不，我是说您聪明，脑子转得快。要不信，咱们打开看看？

乙：您要给我开颅哇？

甲：要不，我就化验化验您？

乙：……您是大夫吧，又开刀又化验的，您要干吗？

甲：不是，我是想说个灯谜，让您猜猜，让大家看看您有多聪明，怎么样？

乙：噢，您想考验考验我。

甲：对对对，是考验您。

乙：您说吧。保证一猜就中。

甲：咱们试试，您听着："一棵树上有十只鸟，用枪打死一只，还有几只？"

乙：还有九只。

甲：不对。

乙：那有几只呢？

甲：一只也没有了。

乙：怎么？

甲：全飞了。

乙：……

甲：按您这么说，打死一只，那九只都不动，“喂，再给我来一枪，怎么样？”这鸟有点儿像您，缺心眼儿。

乙：您说得太绕，我没作好心理准备。您再重新来。

甲：好，这个不算。我再说一个：“鱼缸里有十条鱼，用棍儿打死一条，还有几条？”

乙：一条也没有了。

甲：怎么？

乙：全跑了。

甲：鱼还会跑吗？

乙：哦！对了，那还有九条。

甲：怎么还有九条呢？

乙：您想啊，鱼缸里十条鱼，打死一条，剩下九条了。十减一等于九嘛。

甲：要不说您缺心眼儿呢，不对！还是十条。

乙：十条？

甲：是呀。死的那条，不是还在上面漂着呢吗？

乙：咳！您这叫绕人，不叫灯谜，我说一个真正的灯谜，您准猜不着，您信不信？

甲：根本不可能，您说吧。

乙：千里随身不恋家，不贪酒饭不贪茶。水火刀枪全不怕，日落西山不见它。

甲：这太简单了。

乙：简单？您猜呀。

甲：您说的这个就是骆驼。

乙：怎么会是骆驼呢？骆驼千里随身不恋家？

甲：是呀。骆驼拉着车走一千里一万里。人想家，骆驼不想。您什么时候见过骆驼走着走着就回头，说："你们去吧，我回家看看，我想小骆驼了！"

乙：没听说过。

甲：千里随身不恋家。

乙：那，"不贪酒饭不贪茶"呢？

甲：骆驼队到一个地方，拉骆驼的人要喝酒吃饭，骆驼喝水、吃草料，您还见过骆驼走到饭馆里说"来半斤酒，炒四个菜"？

乙：没有。那"水火刀枪全不怕"呢？

甲：是呀，水火刀枪全不怕嘛，这骆驼……它不怕呀，……它……这骆驼像您哪，看见刀枪水火不知道躲呀，……是傻骆驼！您知道了吧？

乙：不像话！还傻骆驼！我说您猜不着吧？

甲：您说的这是……

乙：我告诉你吧，这谜底是"人影儿"。

甲：人影儿怎么会是"千里随身不恋家"？

乙：人走一千里一万里，人想家，人影儿不想，总是跟人走，人走到哪儿人影儿跟到哪儿。

甲：有没有不跟着的时候？

乙：没有。

甲：那阴天，哪来的人影儿啊？

乙：……阴天这不算。

甲：那“不贪酒饭不贪茶”呢？

乙：人吃人喝，您见过有人影儿吃喝的吗？

甲：水火刀枪全不怕？

乙：人怕水火刀枪，人影儿不怕。

甲：那我要是把您脑袋砍下来，人影儿也少一个脑袋。

乙：您砍我脑袋干什么？！

甲：日落西山不见它？

乙：您看太阳一落，人影儿就不见了。

甲：哦，那月亮出来，怎么又有影儿了？

乙：……那天没有月亮。

甲：在电灯底下呢？

乙：都不算！猜谜语哪儿有您这么刨根问底的呢？

甲：您看，您这灯谜就有问题了。不合理。好，我再来一个，您猜吧！

乙：好啊，您说一个合理的吧。

甲：我说七个字，您要猜一个字，猜着了，我给您买点儿礼品。

乙：什么礼品？

甲：送点儿您有用的？尿布怎么样？

乙：还不如送奶粉哪！您也说不出来什么好东西！干脆，咱们就拿一百块钱做礼品。

甲：好。谁猜不着拿出一百块钱做礼品。

乙：对，您说一个我猜，我要是没猜着……？

甲：您给我一百块钱。

乙：我要是猜着了……？

甲：我拿您一百块钱。

乙：啊？！

甲：我拿出一百块钱给您。

乙：这就对了，开始，您这谜面是……？

甲：“半夜叫门问声谁”，七个字猜一个字。

乙：这是个字谜，有意思。“半夜叫门问声谁”，我得想想，按意思猜字？半夜有人叫门，“咚咚咚”，屋里人一问：“谁呀？”这人说：“我！”对了，这个字念“我”。猜出来了，这个字念“我”。

甲：不对，您输了，给我一百块钱吧！

乙：凭什么给您一百块钱呢？

甲：您输了，这个字不念“我”。

乙：就念“我”。

甲：不念“我”。

乙：不念“我”？要不咱们俩演示一下儿？半夜你来叫门，我问：“谁呀？”您一说“我”，您就算输了，得给我一百块钱。

甲：我要是不说“我”呢？

乙：算您赢了，我给您一百块钱。

甲：好。

乙：咱们来吧，比如这就是我的家。

甲：您就住这儿？

乙：这是打个比方。这是门。来吧！

甲：行了。我去找张三，还不知道他在不在。“咚咚咚”，“咚咚咚”。没在家。（要走）

乙：回来！在家呢！

甲：在家怎么不说话呀！

乙：您叫门了吗？“半夜叫门问声谁”呀，您得叫门哪！

甲：还得叫哇？

乙：叫门您好说“我”字呀。

甲：叫门我也不说“我”！“咚咚咚，张三！”

乙：谁呀？

甲：出来瞧！

乙：出来瞧！像话吗？

甲：（乙走到甲跟前）您出来了。

乙：还往外骗我呀！您得说“我”。

甲：说“我”就输了。

乙：怕输别玩儿。

甲：谁怕输哇？再来，“咚咚咚！”“张三！”

乙：谁呀？

甲：明儿见！

乙：这叫什么话？明儿见，今天您来干什么？

甲：跟您通知一下儿不行吗？

乙：您累不累呀？您得说“我”！

甲：说“我”就输了。

乙：怕输也得说“我”。

甲：我就不说“我”。

乙：不说“我”您没的说。

甲：为什么要说“我”？

乙：说“我”您认输。

甲：这可是您说的，说“我”就认输？

乙：对。

甲：要是说"我"不认输呢？

乙：不认输的是小狗。

甲：重来吗？

乙：重来！

甲："咚咚咚。谁呀？"

乙：……我。

甲：您输了！

乙：倒叫门哪？

生 词 Vocabulary

1.	洪亮	hóngliàng	adj.	(of a sound or voice) resonant
2.	馈赠	kuìzèng	v.	to offer something as a gift
3.	开颅	kāi lú		to open one's cranium through surgery
4.	开刀	kāi dāo		to perform surgery
5.	化验	huàyàn	v.	to perform a laboratory test on something
6.	考验	kǎoyàn	v.	to put someone through a trial or test
7.	一猜就中	yì cāi jiù zhòng		to guess the right answer on the first try
8.	绕	rào	v.	to be confusing, to be baffling
9.	鱼缸	yúgāng	n.	fishbowl, aquarium
10.	不像话	bú xiàng huà		unreasonable, nonsensical

11.	刨根问底	páogēn-wèndǐ		to get to the bottom of something
12.	尿布	niàobù	n.	diaper
13.	叫门	jiào mén		(colloquial) to knock at one's door
14.	凭	píng	prep.	according to, based on

注释 Notes

1. 吐字清楚

说话时四声准确，每个字都能让别人听清。

2. 缺心眼儿

指人没有心机（思想）。一般用来侮辱、讽刺别人，属于贬义词。有时也指人单纯，做事不够成熟。

3. 倒叫门

反着顺序叫门。本来敲门的人敲门后，主人问谁，敲门的人应该回答。结果敲门的人问主人是谁，让主人回答。问话顺序反了，所以说是“倒叫门”。

文化讲堂 Cultural Classroom

谜语 Riddles

中国的谜语文化底蕴深厚，门类繁多，雅俗共享。在猜谜时要遵循一定的规范和格式。如：谜面是“万年青”(打一成语)，谜底是“长生不老”。因为“青”指植物的绿色，“万年青”指植物一直都处于绿色的状态，比喻事物有很强的生命力，谜底就为“长生不老”了。由此可以看出谜语中包含着很多深层次的语言和文化知识。

Chinese riddles are rich in culture, with many varieties, and are enjoyed by people from all walks of life. When guessing a riddle, there are certain rules and formats which must be followed. For example, the answer to the riddle "万年青 evergreen (guess a four-character idiom)" is "长生不老 eternal youth", in which "green" represents vitality and youth. This is an example of how Chinese riddles abound with great literary and cultural knowledge.

说一说 Let's Try It

猜字

（对口相声）

合：大家好。

甲：非常高兴给大家说相声，我来自 XXX，我叫 XXX。现在我在北京语言大学读研究生。

乙：我来自 XXX，我叫 XXX。现在我也在北京语言大学读研究生。

甲：为什么我要说相声呢？

乙：为什么呢？

甲：因为相声是汉语言文化的一种表演方式。

乙：对，学习相声可以提高我们的汉语水平。

甲：我还特别喜欢汉字。

乙：汉字特别有意思，我也特喜欢。

甲：你会写吗？

乙：我都读研究生了，能不会写吗？

甲：会写几个字？十个？八个？

乙：……跟中国人比会得太少了。

甲：没关系，不会的我教你。我先考你一个字，看看能不能猜出来，看看你是什么水平吧。

乙：好吧，你考吧！

甲：我拿手这么一来（画一横道），念什么？

乙：完啦？

甲：完啦！

乙：……念"一"呀！

甲：说死了，别含糊其辞。

乙：念"一"。

甲：确定？念什么？

乙：念"一"！

甲：对了！

乙：……（很无奈的样子）

甲：你这怎么能说认得少呢？

乙：我就认识一个"一"字就不少了？

甲：来，咱们继续，"一"字不动再加一横，念什么？

乙：念"二"啊！

甲：再加一横？

乙：念"三"哪！

甲：这文化不浅哪！行，当中加一竖。

乙：出头不出头？

甲：不出头。

乙：三横一竖不就念“王”吗？

甲：“王”字都认识？

乙：啊！

甲：硕士可以毕业了。

乙：认识个“王”字就硕士啦？！

甲：再来，“王”字加一点儿，念什么？

乙：念“玉”。

甲：这边再加一点儿？

乙：哦，这我也知道，还念“玉”！两个点儿的“玉”是古代的写法。

甲：哎呀！连古文都认识，可以当大学教授了。

乙：我呀？

甲：“王”字加两点儿这个“玉”他都认识，那“王”字加十八个点儿念什么？

乙：这我还真不知道。

甲：不知道了吧？

乙：不知道了。

甲：我告诉你。

乙：念什么？

甲：王麻子。

乙：咳！那“李”字要加十八个点儿就是李麻子了？

甲：你这学问长多了。

乙：这叫什么学问啊？不怎么样。

甲：好吧！算我没说，再考你一个字。

乙：好，考吧！

甲："撇、撇、撇、捺、捺、捺"，念什么？

乙：……没这个字。

甲：怎么没有哇？念"众"啊！

乙：哪个"众"？

甲：群众的"众"，大众的"众"。

乙："众"字是三个"人"字。一撇一捺，一撇一捺，一撇一捺。

甲：对呀！那不就是"撇、撇、撇、捺、捺、捺"嘛。

乙："众"字没有这么写的，你这叫倒插笔。

甲：我这是书法写法。

乙：行，那我也考你一个。

甲：可以。

乙："一横一竖，一竖一横。"

甲：没这字。

乙：有。

甲：念什么？

乙：念"口"。"一横一竖，一竖一横。"

甲：好嘛，你这也是倒插笔呀！

乙：跟你学的，这叫近朱者赤，近墨者黑。

甲：再听这个："一钩一钩又一钩，一点儿一点儿又一点儿，左一撇，右一撇，一撇一撇又一撇。"

乙：什么乱七八糟的！

甲：你猜吧！

乙：这也是个字呀？

甲：是呀。

乙：这字不认识。

甲：人参的“参”字，也就是参加的“参”的繁体字（參）。上边仨拐弯，底下一个人字，底下三撇。

乙：这怎么能“一钩一钩又一钩”？

甲：你看，这不是“一钩一钩又一钩，一点儿一点儿又一点儿，左一撇，右一撇，一撇一撇又一撇”嘛。

乙：太乱了，猜不出来。你这笔画太多了。我说一个有意思的，就是一句话，让你猜一个字。

甲：什么话？

乙：“大姑娘的妹妹”，这是一个字，念什么？

甲：大姑娘的妹妹，二姑娘。

乙：那是三个字，这是一个字。

甲：一个字？不知道。

乙：这字念“姿”，姿势的“姿”字。你看它上面是一个“次”字，下面是一个“女”字。大姑娘不是长女吗？那大姑娘的妹妹就是次女，也就是这个“姿”字。

甲：那我也说一句话，你猜一个字。

乙：你说什么话？

甲：正午对时。

乙：这字念“当”。

甲：怎么念“当”啊？

乙：报时钟，一到中午总是“当当当……”打十二下儿嘛！所以说应该念“当”。

甲：那不会念“钟”吗？不对。应该念“斗”（dǒu），也念“斗”（dòu）。

乙：“正午对时”怎么是“斗”呢？

甲：你看这“斗”字怎么写，一个点儿，两个点儿，一横一竖。

乙：对呀！

甲：“正午对时”是几点？

乙：十二点。

甲：对呀！你瞧这“斗”字，十，二，点！

乙：这么个“十二点”哪？！

补充生词 Additional Vocabulary

1.	麻子	máizi	n.	pockmark, person with a pock-marked face
2.	撇	piě	n.	(in Chinese orthography) left downward stroke
3.	捺	nà	n.	(in Chinese orthography) right downward stroke
4.	倒插笔	dàochābǐ	n.	incorrect stroke order; most Chinese characters are written according to a standard stroke order, with the general rules being top to bottom and left to right, and any character written otherwise is considered to be incorrect
5.	长女	zhǎngnǚ	n.	eldest daughter
6.	次女	cìnǚ	n.	second daughter
7.	对时	duì shí		to adjust a watch or clock to the correct time

12 对春联

背景介绍 Background

春联是指春节时贴的对联。在中国，春节时一般每家每户都要在门口贴春联，上面大多写的是祝福的话语，表达对未来一年的美好祝愿，也寓意着新年的正式开始。春联雅中有俗，俗中有雅，深受中国百姓的喜爱。很多春联不乏幽默的内容和文字，所以常成为相声创作的素材。下面这段相声是众多同类作品中最为基础和典型的，由丁广泉与其洋弟子一同修改整理而成。

Spring couplets, also known as spring scrolls, are couplets pasted during the Spring Festival. Almost all families will hang these couplets on both sides of their doorways, most of which will feature auspicious words intended to express good wishes for the coming year, while also symbolizing the official beginning of the New Year. As spring couplets are both straightforward and refined in expression, they are greatly enjoyed by people from all walks of life throughout China. Many spring couplets are also full of humor, and thus are often used when creating *xiangsheng* pieces. The following piece is the most basic and typical one among many of its kind, and was adapted and refined by Ding Guangquan together with his international students.

相声文本 Script

对春联

（对口相声）

乙：谢谢大家的掌声。

甲：你知道大家为什么鼓掌吗？

乙：欢迎你呗。

甲：不对！知道这“掌”字怎么写？你看《说文解字》上说“从手尚声”，就是告诉了我们这个“掌”字怎么写。你看，上边是一个高尚的“尚”字，下边是一个手掌的“手”字，意思就是说今天的观众都是高尚的人，所以都鼓掌。大家说我说得对吗？

乙：好！那我们就祝愿高尚的人：合家欢乐、万事如意！

甲：心想事成、笑口常开！

乙：你笑我笑大家笑。

甲：OK，OK，OOK。

乙：好，咱对上春联了呀？你还真有点儿学问了。

甲：学问谈不上，我最喜欢的就是中国的对联了。

乙：这么说你对中国对联有研究？

甲：知道一点儿。你听我说得对不对。对联讲的是：一三五不论，二四六分明。天对地，雨对风，大陆对长空，雷隐隐对雾蒙蒙，山花对海树，赤日对苍穹。平仄平仄平平仄，仄平仄平仄仄平。平平仄，仄仄平，平平仄仄，仄仄平平。

乙：好！你知道得太多啦。

甲：哪里哪里，我为什么喜欢汉语呢？一开始就喜欢这对对子。

乙：你懂什么叫对子吗？

甲：我当然懂了，对子嘛——这边五个字，那边也五个字；这边十个字，那边也十个字；这边五十个字，那边也五十个字；这边五百个字，那边也五百个字……

乙：我还没听说过一边五百个字的对子呢。没那么高的房顶，你往哪儿挂呀？

甲：反正我知道，就是一个字对上另一个字嘛。

乙：这么说，如果我要说个上联……

甲：我就能给你对个下联。

乙：我要说一个字……

甲：我就给你对一个字。

乙：好，你听着，我说一个“上”。

甲：张嘴就来，我给对一个“下”。

乙：好！我说一个“大”。

甲：我对一个“小”。有大有小，不像你似的没大没小的。

乙：我再说一个“人”。

甲：我对一个“狗”。

乙：还别说，你这几个字对得真可以说……

甲：恰到好处！

乙：胡说八道！

甲：我哪个字对错了？

乙：都错了。我这三个字合在一起是个对子的上联，说的是“上大人”。你这三个字合在一起是什么？

甲：下小狗！

乙：你这是什么学问哪？好，大家给鼓励鼓励，对得太棒啦！

甲：这可不能怪我啦，对对联讲的是最少两个字，你要连着说“上大人”，我就对“众君子”了。你是属打字机的，一个字一个字地往外蹦，我这不就“下小狗”了吗？有这么对对联的吗？

乙：那字要多的你能对吗？

甲：只要你有上联，我就能对个下联。

乙：你听这个，“三塔寺前三座塔，塔塔塔”。

甲：五台山后五座台，台台台！

乙：我说“大大妈大模大样拉大马”。

甲：我对“老姥姥老夫老妻赶老羊”。

乙：姥姥喝粥，粥稀姥姥落（lào）粥。

甲：舅舅驾鸠，鸠飞舅舅揪鸠。

乙：妈妈骑马，马慢妈妈骂马。

甲：妞妞轰牛，牛拧妞妞拧牛。

乙：什么乱七八糟的，你那儿有讲儿吗？

甲：你那儿有讲儿我这儿就有讲儿。

乙：我说的是，妈妈，就是母亲，骑了一匹马。这个马走得太慢了，妈妈不打这个马，她要骂这个马。这就是“妈妈骑马，马慢妈妈骂马”。

甲：我说的是，妞妞，就是北方姑娘，轰着一头牛，这牛不听话，太拧了，妞妞不打这个牛也不骂这个牛，她要用手拧这个牛。这就叫“妞妞轰牛，牛拧妞妞拧牛”。

乙：绕口令也出来啦！

生 词 Vocabulary

1.	高尚	gāoshàng	adj.	noble, of high moral standing
2.	合家欢乐	héjiā huānlè		may all of one's family members be blessed with joy
3.	心想事成	xīnxiǎng-shìchéng		may all of one's dreams come true

4.	大陆	dàlù	n.	all of the land area of the Earth (as opposed to aquatic area)
5.	长空	chángkōng	n.	vast sky
6.	山花	shānhuā	n.	wild flowers growing in the mountains
7.	海树	hǎishù	n.	sea fan, a type of soft coral; literally trees growing in the sea
8.	赤日	chìrì	n.	bright sun
9.	苍穹	cāngqióng	n.	sky
10.	平仄	píngzè	n.	level and falling tones, the two categories of tones as referred to in Chinese poetry rhyme scheme, the first referring to the first and second tones, and the latter the third and fourth tones
11.	没大没小	méi dà méi xiǎo		a colloquial term, meaning that one is disrespectful and doesn't act according to social etiquette related to age
12.	恰到好处	qiàdào-hǎochù		to be just right, to hit the mark
13.	蹦	bèng	v.	to hop, to jump (with both feet together)
14.	老夫老妻	lǎofū-lǎoqī		a couple that has been married for many years

15.	鸠	jiū	n.	turtledove, pigeon
16.	揪	jiū	v.	to grab, to nab
17.	妞妞	niūniu	n.	a girl's nickname
18.	轰	hōng	v.	to shoo (something or someone) away
19.	拧	nìng	adj.	stubborn
		níng	v.	to pinch something and then twist
20.	有讲儿	yǒu jiǎngr		(colloquial) to make sense, to have meaning

注释 Notes

1.《说文解字》

中国第一部按部首编排的字典，也是世界上最早的字典之一，对文字学影响深远。

2. 一三五不论，二四六分明

对联的普遍规律，指七言的对联第一、三、五字平仄可以不限制，第二、四、六字必须按照固定的规格样式写。

3. 天对地，雨对风，大陆对长空

在对联中，天与地相对，雨和风相对，大陆就是地面，相对的是天空。这是一般的对法。

4. 雷隐隐对雾蒙蒙

都是描写夏天大雨要来的情景。雷相对的是雾，隐隐和蒙蒙同为叠词，分别描写雷和雾的形态。

5. 山花对海树，赤日对苍穹

山与海相对，花与树相对，红日与蓝天相对。

6. 平仄平仄平平仄，仄平仄平仄仄平。平平仄，仄仄平，平平仄仄，仄仄平平

这里讲的是对对联时声调的搭配。分别讲了七字句、三字句和四字句的声调搭配原则。

7. 上大人

这里指的是对长辈和上级的尊称。

8. 君子

对人的尊称。

文化讲堂 Cultural Classroom

对联 Couplets

对联是一种对偶（duì'ǒu）修辞。又称“门对”“对子”“桃符”“楹联”等。因古时多悬挂于住宅客厅柱子上而得名。对联言简意深，字数相同，结构相同，平仄协调，是汉语中一种独特的艺术形式。

写对联，第一，要求上下联字数相等、对仗工整。对联起码每联四个字，七个字的居多，十二个字以上的称为长联，比较少。第二，是平仄押韵，即平对仄、仄对平，这样读起来好听。对联句中的单数字可以不拘平仄，但双数字和句末的字必须严格遵守，即“一三五不论，二四六分明”。上联要用平声字的地方，下联就得用仄声字，反过来也一样。第三，要求词性相对。例如，名词对名词，动词对动词，形容词对形容词，数量词对数量词等。名词中如果再细分一点儿就更工整，例如，人名对人名、地名

对地名、颜色对颜色、动物对动物等。上下联意思可以相近或相反，可以只说一件事，也可以分说两件事。此外，还要注意在用字方面，凡上联用过的字，下联不能再用。

贴对联也有规定，上联贴在观者的右边，下联贴在观者的左边。怎样区别上下联呢？这里有个秘诀：最后一个字是仄声的，一定是上联；最后一个字是平声的，一定是下联。横着写的叫“横批”。横批一般只写四个字，多为吉祥或有鼓舞意义的话，贴在门上方。

Couplets are a type of “antithetic parallel” structure, meaning that they consist of two parts that correspond in several ways. They were originally hung on the pillars of one’s living room, then eventually on the doorway of one’s home. Couplets are a unique artistic form found in the Chinese language, and are characterized by simple expression with deep meaning, with an equal number of characters in each of the two sentences, a parallel structure, and a complementary rhyme scheme.

Writing a couplet requires the first and second halves of the couplet to have an equal number of characters, each word matching the corresponding one. Each line is typically four to seven characters, with those over 12 being considered long couplets, which are quite rare. The second requirement is that the tones of each line must also complement each other, creating a sense of balance, i.e. a level tone in the first line matched with a falling tone in the second or vice versa. This rule applies only to the “even-numbered characters”, e.g. the second, fourth and sixth, and the last character, while the “odd-numbered characters” can be of any tone. The third requirement is that the types of words correspond, namely noun to noun, verb to verb, adjective to adjective, measure word to measure word, and so on. If nouns can be further subdivided and matched by more specific category, the couplet will be all the more balanced, e.g. person’s name to person’s name, place name to place name, color to color, animal to animal, etc. The respective meanings or messages of the two halves of the couplet can either be similar or opposite, and can refer to either the same topic or two different topics. Finally, no character that appears in the first line can be used again in the second one.

There is also a rule for how to hang the scrolls, namely the first or "top" line is on the right side of the viewers, and the second or "bottom" line is on the left side of the viewers. Here's a trick for distinguishing which is the first line and which is the second: the line of which the last character is a third or fourth tone is the first line, and that of which the last character is a first or second tone is the second line. In addition, frequently a third line is hung horizontally above the door. This horizontal line is typically four characters, and consists of auspicious or encouraging words related to the other two lines.

说一说 Let's Try It

巧对春联

（对口相声）

甲：任何一句话都可以作对联，只要你对得恰当巧妙，那就再好不过了。

乙：是。

甲：譬如有这么两句俗语就是一副对联。

乙：哪两句？

甲："清官难断家务事"，这就是上联。

乙：下联呢？

甲："上梁不正下梁歪"。唉！你听这两句虽然不够工整（摇头），可是很好玩（"玩"不读轻声不加儿化，表达出文诌诌的意思）。

乙：你对对联这么有研究，咱们两人联联句怎么样？

甲：可以呀。

乙：我出个上联。

甲：我对个下联。

乙：譬如我说“上”。

甲：我对“下”，有上就有下嘛！

乙：我说“天”。

甲：我对“地”。天对地，雨对风，大陆对长空；雷隐隐，雾蒙蒙；开市大吉，万事亨通嘛。

乙：背得还挺熟。我说“言”。

甲：我对“醋”。（甲把“言”误为“盐”了）

乙：醋？

甲：啊！油盐酱醋，五味调和，你那是咸的，我这是酸的。

乙：我上联是“好”。

甲：我下联对“歹”，就是坏的意思，好好歹歹要分清。

乙：我说“事”。

甲：我对“炮”。（甲把“事”误为“士”了）

乙：炮？那对得上吗？

甲：中国象棋嘛，你支士我拨炮，你跳马我出车（jū）。

乙：咱们这儿下象棋来啦？

甲：联句有什么呀！

乙：你上当了，我这五个字凑在一块儿是对子的上联“上天言好事”，是中国春节时送神的对子。

甲：哦，这我知道，那我给你对“回宫降吉祥”。

乙：你等等，你刚才不是这么对的。我说“上”。

甲：我对“下”。

乙：我说“天”。

甲：我对“地”。

乙：我说“言”。

甲：我对“醋”。

乙：我说“好”。

甲：我对“歹”。

乙：我说“事”。

甲：我对“炮”。

乙：我这是“上天言好事”。

甲：我这是“下地醋歹炮”。

乙：你这是什么呀？

甲：这不能怪我，谁叫你不一块儿说啦？你要说“上天言好事”，当然给你对“回宫降吉祥”。你一个字一个字往外蹦，我可不给你对“下地醋歹炮”吗？

乙：这还怨我啦。

甲：当然啦。

乙：好，你听这两个字的，“笔筒”。

甲：在桌上放的笔筒？

乙：对啦。

甲：我给你对“箭囊”。

乙：就是装宝剑的那个。

甲：不！那是剑匣，我说的是拉弓射箭的那个皮囊子。

乙：我这笔筒是文的。

甲：我这箭囊是武的，一文一武咱们二位文武全才。

乙：我可不敢当，再听这个，“羊肉”。

甲：我给你对“萝卜”。

乙：那对得上吗？

甲：羊肉汆萝卜焖干饭。

乙：这位没吃饭啊！我说“绸缎”。

甲：我对“萝卜”。

乙：萝……我们这是“绸缎”，你也对“萝卜”？

甲：啊！绸缎包萝卜。

乙：没听说过，我那是穿的绸子和缎子。

甲：是呀！我说的也是穿的，绫罗绸缎的“罗”，绒布匹的“布”——“罗布”。

乙：噢！“罗布”听不出来就是“萝卜”。再听这个，“钟鼓”。

甲：萝卜。

乙：我说的是撞的钟、打的鼓。

甲：我是敲的锣、打的钹，“锣钹”。

乙：行了行了！你再听这个……

甲：（顺口而出）萝卜。

乙：我还没说呢？

甲：我先说下搁着。

乙：急性子。“马牙枣”。

甲：大萝卜。

乙：我这是仨字的啦。

甲：我这也仨字——“大萝卜”。

乙：我要四个字呢？你……

甲：好大萝卜。

乙：我五个字。

合：好大个萝卜。

乙：你这筐萝卜全卖给我啦？不行！重对。

甲：你刚说的什么？

乙：马牙枣。

甲：我给你对“羊角葱”。

乙：我这儿有“马牙”。

甲：我这儿有“羊角”。

乙：枣。

甲：葱。

乙：我能加字。

甲：我能添字。

乙：马吃马牙枣。

甲：羊啃羊角葱。

乙：我这儿“吃”。

甲：我这儿“啃”。

乙：好哇！我这儿马牙枣是八月当令。

甲：我这儿羊角葱是二月当令。二八月春秋题。

乙：嘿，厉害啊！

甲：怎么样？

乙：行！听这个，“山羊上山”，两头儿山。

甲：我给你对“水牛下水”，两头儿水。

乙：我能加字。

甲：我能添字。

乙：山羊上山，山碰山羊角。

甲：碰脚啦？

乙：不！犄角。

甲："水牛下水，水没（mò）水牛腰"，没腰啦。

乙：我还能加字。"山羊上山，山碰山羊角，咩（miē）——！"（学羊叫）

甲：这是怎么回事儿？

乙：碰疼啦。

甲：水牛下水，水没水牛腰，哞——！（学牛叫）

乙：咩——！咩——！（学羊叫）

甲：哞——！哞——！（学牛叫）

乙：咱们到屠宰场啦。

甲：你说什么，我给你对什么。

乙：我说"南"。

甲：我对"北"。

乙：我说"东"。

甲：我对"西"。

乙：我说"上"。

甲：我对"下"。

乙：你听这个，"北雁南飞双翅东西分上下"。

甲：你怎么都给占上啦。

乙：这叫难为难为你。

甲：好！你听下联，"前车后辙两轮左右走高低"。

乙：你对得上吗？

甲：当然对得上。

乙：我这是"北雁南飞"。

甲：我这是"前车后辙"。

乙：双翅东西。

甲：两轮左右。

乙：分上下。

甲："走高低"。高低即是上下，上下即是高低！

乙：你可以呀！

补充生词 Additional Vocabulary

1.	绸缎	chóuduàn	n.	a general term for all items made of silk
2.	绫罗绸缎	língluó-chóuduàn		all kinds of fine silk products
3.	锣	luó	n.	gong, a brass plate-shaped percussion instrument struck with a baton
4.	钹	bó	n.	cymbals, a pair of round and slightly concave brass plates struck together
5.	搁	gē	v.	to put or place something

13 装小嘴

背景介绍 Background

中国古代大部分文学作品中，形容美女都是“柳叶眉”“杏核眼”“樱桃小口”“杨柳细腰”。下面这段相声就是根据这个传统而创作的。这段相声不但有滑稽的表演技巧，又有汉字谐音的趣味，很适合学汉语、爱相声的留学生表演。经丁广泉整理后，美国留学生莫大伟博士、加拿大留学生安仁良又将其翻译成英文，用英语表演。这样，即便是不懂中文的观众听完这段相声后也会交口称赞：“中国的相声真有趣！”

Many works of classical Chinese literature portray a beautiful woman as having features such as “willow leaf eyebrows”, “apricot eyes”, “a small mouth like a cherry” and “a slim waist like a willow tree branch”. The following *xiangsheng* piece was created based on such traditional depictions. Not only does the piece feature rather “silly” acting on the part of the main character, it also contains examples of interesting homophones in Chinese, making it particularly suitable for students who love both *xiangsheng* and the Chinese language. After being revised by Ding Guangquan, and translated by the American student Dr. David Moser and the Canadian student Nicholas Angiers, this piece has been performed in English as well, so that even audiences who have no Chinese language background can experience how fascinating the art of *xiangsheng* can be.

相声文本 Script

装小嘴

（对口相声）

甲：过去中国的文学作品中对女人什么样叫美有一个标准。

乙：那你说说什么样才算美？

甲：文人笔下专门有描绘女子的美人赞。

乙：就是赞赏美人的？

甲：对。

乙：那怎么描绘的呢？

甲：就是要达到“柳叶眉、杏核眼，樱桃小口一点点，杨柳细腰赛笔管儿”的标准才算美，你看过中国的仕女图吗？

乙：见过，确实好看，有一种特别典型的东方古典美。

甲：我有一个学汉语的女同学，对中国古典文学入迷了，就想学仕女那样，行、走、坐、卧都学着中国古典美人的样儿。

乙：她长得也像吗？

甲：减肥呀，身材像了，就只有一样不像了。

乙：哪样？

甲：嘴大点儿。

乙：怎么个大法？

甲：反正一张嘴能把那巨无霸的汉堡包咬下二分之一。

乙：嚯！这也太大点儿了。

甲：所以她痛苦做不了东方古典美人了。

乙：那就做整形。

甲：把嘴缝上点儿？多疼啊，她怕疼。

乙：那就没办法了。

甲：后来她想了一个办法，平常不说话，把嘴撅起来。

乙：撅起来？

甲：啊，她这样（学撅嘴状）。

乙：这是干什么呀？

甲：叫别人一看这嘴不就小了嘛。

乙：那她说话怎么办呢？

甲：说话她也找那个不张嘴的话说。

乙：说话哪儿能不张嘴呀？

甲：有哇，回答问题都用那小口型的字，就是声母多用 b，p，m，韵母多用 u 和 ü 的字。

乙：能行吗？

甲：你不信，我现在就给你学学这个装小嘴的姑娘（开始表演）。

乙：这嘴还真是够小的。

甲：我可要问话了。姑娘您贵姓啊？

乙：姓胡。

乙：叫什么名字？

甲：胡勒鲁。

乙：外国人的名字？今年多大啦？

甲：二十五。

乙：属什么的？

甲：属牛尾巴骨。

乙：有属牛尾巴骨的吗？不但名字特别，这属相我听着都新鲜。家里都有什么人哪？

甲：父母。

乙：这倒不错，“二十五”“尾巴骨”“父母”全是u的音，都撅着嘴。

乙：在哪儿工作呀？

甲：个体户。

乙：开个什么大公司呀？

甲：小卖部。

乙：都卖什么呀？

甲：跳舞。

乙：小卖部代卖跳舞？

甲：跳舞的物（指下面的鞋）。

乙：你就说舞蹈鞋……是不能说，一说舞蹈鞋这嘴就全大了。我接着问，你有男朋友了吗？

甲：无。

乙：这倒省事儿了。欸，不对呀，那天我看你和一大高个儿，很帅的小伙子一起走，是谁呀？

甲：二叔。

乙：你们俩上哪儿去啦？

甲：都（dū）一处。

乙：北京有名的饭馆。我告诉你，那儿的烧卖最有名，就吃烧卖。

甲：不。

乙：要不然吃熘腰花。

甲：不。

乙：要不就吃烤鸭。

甲：不。

乙：那你吃什么菜呀？

甲：鸭屁股。

乙：嚯！还有什么呀？

甲：烤白薯。

乙：烤白薯就鸭屁股，那是味儿吗？姑娘，别为了装小嘴就胡说八道的，我看你这是糊涂。

甲：不糊涂。

乙：你这是错误。

甲：不错误。

乙：整个儿一个二百五。

甲：不二百五。

乙：这么说话就是傻子。

甲：我不傻……

乙：嘴张开了！

甲：咳！

生词 Vocabulary

1.	描绘	miáohuì	v.	to describe, to portray
2.	撅	juē	v.	to purse (one's lips)
3.	新鲜	xīnxian	adj.	new, novel
4.	个体户	gètǐhù	n.	self-employed person

5.	烧卖	shāomài	n.	a steamed dumpling with the dough gathered at the top
6.	熘腰花	liū yāohuā		sautéed pork or lamb kidneys
7.	就	jiù	v.	to eat two things together

注释 Notes

1. 仕女图

以美女为题材的中国画。

2. 尾巴骨

尾巴，口语说法。读作 yǐbagǔ。

3. 都一处

北京著名餐馆，主营各种烧卖及山东风味炒菜等。

文化讲堂 Cultural Classroom

四大美人 Four great beauties

中国古典文学中常用“沉鱼落雁，闭月羞花”来形容女子长得漂亮，这句话包含了四大美人，即西施、王昭君、貂蝉、杨玉环的传说。

西施：有“沉鱼”之貌。相传她五官端正，粉面桃花，相貌过人。一天，她在湖边洗纱，清澈的湖水映照着她俊俏的身影，使她显得更加美丽。这时，湖中鱼儿看见她的倒影，觉得她太美了，忘记了游水，渐渐地沉到湖底。

王昭君：有“落雁”之貌。传说汉代的王昭君告别故土，远嫁匈奴首领。路上她思绪万千，拨动琴弦，弹起悲壮的离别之曲。南飞的大雁听到这好听的琴声，看到骑在马上的这个美丽女子，忘记扇动翅膀，跌落下来。

貂蝉：有“闭月”之貌。传说貂蝉午夜拜月，月里嫦娥看到貂婵，自觉没有貂婵美丽，匆匆隐入云中。

杨玉环：有“羞花”之貌。唐朝杨玉环被选进皇宫后，思念家乡。一天，她到花园赏花散心，看见盛开的牡丹，她刚一伸手抚摸花瓣，花瓣立即收缩，绿叶卷起垂下。宫女看见后到处说，杨玉环与花儿比美，花儿都含羞低下了头。

Some expressions describing the beauty of a woman frequently appearing in classical Chinese texts are “her dazzling beauty could make the fish sink toward the bottom of the lake, and the wild geese fall from the sky; it could make the moon conceal itself in shyness, and the flowers wilt in shame”. These phrases include stories respectively related to the “four great beauties” in the Chinese history, namely Xishi, Wang Zhaojun, Diaochan and Yang Yuhuan.

Xishi: She was so beautiful that she could “cause the fish to sink deep toward the bottom of the lake”. According to legend, Xishi had well-balanced features, a rosy complexion, and looks that could not be compared to. One day when she was washing clothes in the lake, the clear surface of the water reflected the sunlight on her attractive countenance, rendering her all the more stunning. At this time, the fish in the lake caught a glimpse of her, and being completely captivated by her beauty, forgot to continue swimming, and began sinking toward the bottom of the lake.

Wang Zhaojun: She was so beautiful that she could “cause the wild geese to fall from the sky”. Wang Zhaojun of the Han dynasty had just left her homeland, beginning her journey to be married to the leader of the distant Xiongnu tribe. Along the way she played the *qin* (a kind of zither instrument) as she rode, expressing the turmoil she felt in her heart as she grew further away from home. A wild goose flying south heard the lovely sound of her music, and upon setting eyes upon the beautiful woman below, the wild goose forgot to continue flapping its wings, and fell to the ground.

Diaochan: She was so beautiful that she could “make the moon conceal itself”. When Diaochan worshipped the midnight moon, the Moon Goddess Chang’e spotted her, and believing that Diaochan was even more beautiful, she quickly concealed the moon, and herself, behind the clouds.

Yang Yuhuan: She was so beautiful that she could “make flowers blush in shame”. After Yang Yuhuan of the Tang dynasty moved to the royal imperial palace, she greatly missed her hometown. One day, as she was taking a walk in the flower garden to divert her mind, she saw some peonies in full bloom. However, just as she reached her hand out to touch the petals, the flowers immediately closed up, and the green leaves curled up underneath. After the court ladies saw this, they began saying that when the beauty of Yang Yuhuan and that of flowers were compared, the flowers would shrink away in shame.

说一说 Let's Try It

美人赞

（对口相声）

甲：观众朋友们，您看看我们俩谁长得美？

乙：咱俩呀，都不怎么样。咱们说相声来了，也不是找对象，美不美能怎么着？

甲：你说这话可不对，每个人都有对美的追求。

乙：那你说什么是美呢？

甲：一个人长得不高不矬，不瘦不胖，身体好，能劳动，这就是美。

可是这美没有标准，也不管你怎么打扮，怎么修饰，也达不到标准。

乙：有标准。

甲：什么标准？

乙：唉，这男人我不知道，女人我可知道，形容美，有这么几句话。

甲：哪几句话呀？

乙：柳叶眉，杏核眼，通天鼻梁，樱桃小口一点点，不笑不说话，一笑俩酒窝儿，杨柳细腰，燕语莺声。

甲：你说的这话是说书先生常用的“美人赞”。又是什么柳叶眉，杏核眼，通天鼻梁，樱桃小口一点点，不笑不说话，一笑俩酒窝儿，杨柳细腰，燕语莺声。你说女人长这样能好看吗？

乙：我是听人家说女人长这样好看。

甲：你先说这个柳叶眉吧。（用手比画柳树叶）柳树叶都见过吧？这么宽，这么长，由打这儿（由眼眉往下比）到这儿。像话吗？

乙：对，是不怎么样。

甲：杏核眼。杏核多大一点儿哪？滴溜圆的，一个人长这么两个跟手指盖似的小圆眼睛。啊？

乙：这不好看。

甲：你再说这鼻子，通天鼻梁由鼻子尖一直长到天灵盖这儿。还有樱桃小口一点点。樱桃多小哇！女人嘴长樱桃那么点儿，那吃大饼怎么吃呀？吃米饭一粒一粒地那么吃，那不成了蛐蛐儿了吗？那只能吃面条儿啦，吃汤面还可以，夹一根找着头儿往嘴里一搁，一忒儿喽，面下去啦。吃炸酱面都没法，面捞出来，拌好酱找着头儿往嘴里一搁，一忒儿喽面下去了。你再瞧，酱全糊到嘴上啦。

乙：你这形容得也太过火了。

甲：不笑不说话，一笑俩酒窝儿，再搭上樱桃小口，离远了一看就跟三个嘴一样。还有杨柳细腰，那个杨柳多细呀！女人那个腰像杨柳那么细。啊？有那么细的腰吗？真要长那么细可好啦，跳舞就甭搂着啦，这一只手掐着就跳啦。

乙：你这也不像话啦。

甲：最可气的是这燕语莺声。燕子叫的声音多快呀，黄莺的声音多细呀。比如你下班了，你爱人看你回来啦，问你："刚下班哪？你先喝点儿水，我去热菜去，回头一块儿吃。"你听这多好听！要是用燕语莺声来说，你听着就别扭了。

乙：怎么？

甲：我给你学一学。你爱人瞧你下班回来了，燕语莺声地来跟你说话（学燕子和黄莺的声音）："你下班了，先喝点儿水，我去热菜去，回头一块儿吃。"

乙：受不了，你别学啦！

补充生词 Additional Vocabulary

燕语莺声	yànyǔ-yīngshēng	to speak quickly and in a high voice like a bird